公共安全管理评论

2022

主编 曹明 许超 王义保

中国矿业大学出版社
·徐州·

图书在版编目(CIP)数据

公共安全管理评论.2022/曹明,许超,王义保主编.—徐州:中国矿业大学出版社,2022.11

ISBN 978-7-5646-5607-2

Ⅰ.①公… Ⅱ.①曹… ②许… ③王… Ⅲ.①公共安全—安全管理—研究 Ⅳ.①D035.29

中国版本图书馆 CIP 数据核字(2022)第 211371 号

书　　名　公共安全管理评论(2022)
Gonggong Anquan Guanli Pinglun (2022)
主　　编　曹　明　许　超　王义保
责任编辑　姜　翠
出版发行　中国矿业大学出版社有限责任公司
(江苏省徐州市解放南路　邮编 221008)
营销热线　(0516)83885370　83884103
出版服务　(0516)83995789　83884920
网　　址　http://www.cumtp.com　**E-mail**:cumtpvip@cumtp.com
印　　刷　广东虎彩云印刷有限公司
开　　本　880 mm×1230 mm　1/16　**印张** 7　**字数** 227 千字
版次印次　2022 年 11 月第 1 版　2022 年 11 月第 1 次印刷
定　　价　42.00 元

前　言 Preface

安全是人类永恒追求的目标之一，是现代人类社会活动的前提和基础。我国工业化迅猛发展，城市化水平不断提高，然而伴随快速发展的各类公共安全问题层出不穷。这些公共安全问题包括自然异动导致的各种灾难、生产生活过程中出现的各类事故、公共卫生事件以及社会安全事件。公共安全已然成为当前和未来困扰我国发展的关键问题之一，公共安全管理是学术界亟须探索的重要研究方向。

在近年的教学与科研中，编者所在学院的师生在公共安全管理领域取得了一系列研究成果，多位教师获得了国家社会科学基金课题资助，每年200余位师生组成的调研团队，分成近20个小组对全国30余座重点城市的近400个基层社区进行全国城市公共安全调研，取得了大量的问卷和访谈等第一手资料，自2017年起，连续出版、发布了《江苏省城市公共安全蓝皮书》《公共安全感蓝皮书：中国城市公共安全感调查报告》《中国城市公共安全深访报告》等，积累了城市公共安全管理、城市社会治理以及应急管理教育教学改革等相关领域的系列研究成果，这些成果是团队的辛勤劳动和智慧结晶。为了珍惜这些知识财富，加强优秀论文学术成果的交流推广，鼓励从事公共安全管理领域的研究者，营造向上的学术氛围，促进教师与学生的成长与发展，我们组织编写了《公共安全管理评论(2022)》。

《公共安全管理评论(2022)》包括三个部分：城市安全、应急管理、社会治理。全书共收编了12篇论文，约23万字。因篇幅有限，一些优秀论文未能编入，深感遗憾。

编　者

2022年8月

目　录 Contents

◇ 城市安全

◇ 应急管理

◇社会治理

1

城市安全

Urban Security

韧性城市智慧隧道系统中出现的问题及对策

——以郑州暴雨为例

严　昶

摘要：风险时代下，韧性城市建设已引起多方面的关注。2021 年郑州特大暴雨暴露出城市智慧隧道系统的脆弱性以及韧性不足等问题，韧性城市在面对极端自然灾害的抗击打能力还有待进一步提高。本文围绕如何提升智慧隧道系统韧性进行研究，通过补全系统自身短板和弥补实际应用差距，增强管理能力，提高危机应对水平，筑牢信息化建设下的突发灾害风险应急体系，实现系统各要素之间的有效联动，提升智慧隧道承受和应对重特大突发灾害危机的系统韧性。

关键词：智慧隧道系统；灾害风险；韧性

一、韧性理论的内涵与发展

韧性，源自拉丁语，最初含义为"回归原有状态"，经历了从工程韧性，到生态韧性，再到演进韧性两次决定性的认知转型，形成了支撑现代城市韧性观点的支柱[1]。不同学者和组织有着各自的见解和解读，加拿大生态学家 Holling[2] 借用"韧性"描述生态系统的连续性和吸收各类干扰的能力；联合国减少灾害风险办公室将其定义为，处于危机中的系统、社会或设施等能够有效消解、转化和恢复的逆转能力和抗击效能。不难发现，韧性理论差异化表述所展现的共性特征有：抗扰动、快恢复、保常态。

韧性理论最早可溯源至 20 世纪 70 年代，霍林教授首次将韧性理论引入生态学研究范畴，提出了生态系统韧性[3]。而后经过几十年的发展和演变，韧性理论逐渐在工程、经济、社会等诸多领域传播开来，引发了不同领域和行业的专家和学者借助这一理论对相关问题的探讨。韧性理论的内涵和理论成果也愈加丰富，从"工程韧性"到"生态系统韧性"再到"社会—生态韧性"。"工程韧性"注重的是单一反复的平衡稳定状态；"生态系统韧性"注重的是多个平衡过程的转换，同时保持系统基本结构和功能的稳定；"社会—生态韧性"注重的是于动态变化中实现系统最终平衡[4]。每一次修正和完善都丰富了韧性的外延和内涵，标志着学术界对韧性认知深度的逐步提升。总之，这三种观点都强调了在不改变系统自身稳定的前提下实现一种平衡状态，只不过面对不同灾害或危机时不同系统所做出的反馈有所差异，依次抗击、吸收、内化和恢复的能力随之向上递增[5]。

近年来，城市作为复杂的社会生态系统，自其形成以来便持续地遭受着来自外界和自身的各种冲击和扰动。韧性城市主要应用于灾害和气候变化、城市和区域经济韧性、城市基础设施韧性、城市恐怖袭击韧性、空间和城市规划等领域，其研究的内容主要集中在韧性城市演化机理、韧性城市评价、韧性城市规划等方面[6]。韧性城市建设的首要目标是实现城市系统与具有高度不确定性的外部环境之间的共生共存。韧性城市承认外部环境的不确定性和城市自身能力的有限性，摒弃了工程和生态韧性思想中必须达成平衡的偏见，以演进的观点尊重人类社会生态系统"不均衡才是常态"的基本规律[7]。例如，郑州"7·20"特大暴雨中，一方面，由于超强台风、副高气压等气象异常变化引致灾害风险；另一方面，由于城

作者简介：严昶(1999—)，男，江苏宿迁人，中国矿业大学公共管理学院(应急管理学院)硕士研究生，研究方向为行政管理、应急管理。

市扩建、道路硬化、排水系统失效等人为因素造成灾难损失[8]。在中国，一个城市的公共安全早已成为影响国家稳定、社会经济发展的重要议题。

二、智慧隧道系统的价值及现状

智慧隧道是运用现代化信息技术手段，对隧道内外部车辆、人员、设备等相关信息数据进行获取、汇集、分类和转化，再以信息分析结果作为依据来指导隧道管理和服务工作有效开展，从而惠及广大民众、营造和谐的智能化出行长廊。智慧隧道系统主要以大数据、物联网、移动互联网等先进技术为手段，针对隧道营运管理中涉及的安全、畅通、节能、养护等业务需求，搭建软硬件一体化的隧道智能营运管理平台。智慧隧道系统对于我国公路隧道的智能化、信息化具有重要的促进意义，在一定程度上满足了社会和公众的出行需要。

基于我国公路隧道建设的持续推进和交通运输信息化的迫切需要，智慧交通建设正逐渐成为日后发展的一个重要方向。近年来，交通运输部及其组成单位陆续公布了《关于推动交通运输领域新型基础设施建设的指导意见》和《促进公路隧道提质升级行动方案》等政策文件，以期加快安全、高效、便捷的智能化公路隧道体系构建，为基础设施和数字网络的更好融通提供有力支撑[9]。可见，智慧交通建设符合当今城市发展的潮流，其中智慧隧道系统将是实现智慧交通这一目标不可或缺的重要组成部分。为此，需要结合城市发展实际，协同国家交通发展战略，高质量、高标准建设城市智慧隧道系统，以增强城市发展的基础支撑和系统韧性。

值得注意的是，智慧隧道系统建设和运营虽然拥有来自政策方面的支持、信息技术的助推以及城市发展的资金划拨等多项支撑源，使得其在短时间内得以快速发展，但不可回避的是，智慧隧道系统建设及其运转依然面临着很多自然灾害或人为事故的风险挑战，可能导致人员伤亡和财产损失等一系列不良现象发生。智慧隧道系统存在数字化管理能力不足，系统集成、关联程度不高，应急处置能力薄弱，各管理系统建设孤立，隧道综合管控平台缺乏等问题[10]。

对此，构建一套安全可靠的智慧隧道系统，尽可能将风险控制在合理范围内、将致灾受损范围和程度降至最低，同时增强智慧隧道系统的防御能力和抗压韧性，做好充分的应急准备，确保巨灾来临时智慧隧道系统能够及时做出预警防范、充分发挥最佳效能，以挽救更多生命和财产，提高城市韧性。

三、郑州智慧隧道系统暴雨侵袭的思考

随着信息科技的飞速发展，人类社会发生了天翻地覆的变化，我们生活的方方面面也因技术革新及其推广变得更加便利。科技是一把双刃剑，郑州在迎合数字化时代发展潮流进程中，不断加大智慧城市建设的投入力度，其中智慧隧道系统便是城市大脑有效发挥作用的重要支撑，给予广大市民交通出行保驾护航和通畅便利，但过度依赖于智慧隧道系统的人们却在暴风雨的洗礼下遭受重大损害。

当面临突如其来的一场特大暴雨时，郑州智慧隧道系统并没有起到应有的功效，顷刻间被洪水淹没，整个智慧隧道系统瞬间瘫痪，给辖区内居民造成极大的生命和财产损失，这不得不引发我们深思。因而，需要重点考虑融合信息技术的智慧隧道系统的实际风险应对能力和承灾抗灾功效，认真对待智慧隧道系统在面临重特大灾害或风险挑战时所展现出来的脆弱性和不足，不断优化系统整体的防御效果和任一环节的运转效力，从而切实提高智慧隧道系统的韧性水平，为城市发展和居民安全交出满意答卷。

四、智慧隧道系统的挑战

本文以郑州“7·20”特大暴雨为例，探究郑州遭受特大暴雨时智慧隧道系统瘫痪的原因，指出城市在面对突发性极端自然灾害侵袭时暴露的短板，以期有效发挥预警、决策、控制和救援等智慧系统的应有功能。

（一）监测过度依赖人工，更新换代缓慢

基础系统建设和运行的可靠性和稳定性除了源自自身设施和功能的牢靠，还离不开定期的检测和维护，以确保系统能够正常运转。设备故障被发现，大都依赖人工巡检。若管理人员无法实时掌握智慧隧道系统整体运行情况和机电设备实时状态，则会导致故障发现与处理不及时。然而，郑州智慧隧道系统却发现了多处设施失灵和关键系统异常等不良现象，例如紧急求救系统无法连接、预警信息系统中断、电力系统密封级别较低等。可见，造成这些风险的原因很大程度上和日常缺乏定期的巡检、保养和改造等工作相关，使得潜在隐患或微小弊病因长期得不到及时修正而酿成大祸，也使得原有性能优良的设备因缺乏科学保养而遭受侵害。线路老化、设备受损，或通信故障、病毒嵌入等不可回避的常见问题，都有可能引致意料之外的祸端。智慧隧道的健康运营需要各系统正常平稳工作，倘若这些系统长期欠缺应有的检修保障服务，在应对暴雨、火灾、塌方、爆炸等突发事件时很难承受住打击，进而难以有效保护民众生命安全。相应地，面对极端灾害或事故时，基础设施或核心设备的老旧磨损和迭代迟缓，也难以起到御灾减损的效果。

（二）管理运营效能偏低，缺乏有效决策

智慧隧道系统在常态化运营和使用时，既依赖于智慧隧道系统内外软硬件系统的强力支持，又需要借助人力资源的管理和决策作用，进行人员和设备的科学合理配置和调控，及时处理和应对危机以确保智慧隧道系统能够平稳运作。郑州智慧隧道在暴雨来临时的应急处置所出现的系统失灵和瘫痪等问题在某种程度上说明，决策指挥等工作任务相对独立，缺乏统一的纵向、横向间的指挥调度。其中，智慧隧道系统的应急管控水平、资源调度能力和管理人员素养在抗灾救灾检验中有所缺失，还有依据监控信息和实时数据等资源及时做出相应决策的时效性不强，也未能在系统濒临崩溃的情况下果断采取补救措施来最大限度减少人员伤亡和财产损失。例如，在隧道积水愈来愈多的过程中，为何没有于灾情出现的第一时间采取最紧迫和有效的应对措施，以防止灾害损失的持续扩大化等。因此，在以后智慧隧道系统的正常工作中，日常管理的科学有效性和紧急状态下的临危不乱、果断决策将是必须提升的管理素质，以便更好地解决系统韧性不足的难题。

（三）缺乏超前应急思维，弹性空间预留不足

任何系统在抗击超出自身防御能力范畴之外的突发事件侵袭时，或许会陷入被动，一旦某处产生破损则可触发全线失灵。故单纯地抵挡和防御极端灾害而不知如何提前做出预测和研判、及时展开基础系统保护以及快速分化灾害冲击强度和范围，则会先使系统逐渐失效而使危机蔓延。郑州智慧隧道系统遭受重大损失，其原因之一是缺少因气候急剧变化而极易引发罕见大型灾害的前瞻性预防和应急思维，且明知系统自身承受能力有限却无紧急预留方案或手段帮助其渡过难关。例如，暴雨来临时为何城市河湖等储水系统未能及时留有充足的库容量来预防内涝和隧道倒灌、供电系统为何未考虑预留预埋设计和高位强力防水效果、监控和预警等设备在互联失效情况下为何失去独立运转能力等问题。因此，智慧隧道系统若未能很好地与气象、地震、水利等部门形成良性互联互通，就很难做到灾前及时有效地开展预警和防范工作，超前思维也便成了无源之水。同时，系统若未进行分级分类区分灾情事故，也很难科学配置和紧急启动弹性设施。总之，无法切实做到思维的超前性和应急的韧性，系统抗灾解危将面临极大考验。

（四）媒体宣传报道偏差，公众应急求救存在阻碍

智慧隧道系统能够良好运转并发挥功效，不仅需要强大的物联系统和基础系统维系，也不容忽视媒体和公众借助系统进行如实报道和抗灾避险的教导认知作用。相反，因相关媒体忽略以往事实、夸大实际效果使得公众对于智慧隧道系统抱有依赖思想和侥幸心理，成为酿成郑州智慧隧道系统悲剧的某一关联因素之一。倘若智慧隧道系统实际作用和应急手段不为公众熟知，可能会使花费重金建设的系统形同虚设。但若经媒体不实播报和错误引导，则可能诱使公众错失最佳的逃生时机和路线，造成更为严重的后果。智慧隧道系统在管理和运营中虽然取得了不错的成绩，但也不能允许媒体偏离事实报道，影响公

众认知和思维,系统自身韧性欠缺问题也不能真正得到解决。因而,媒体客观宣传报道智慧隧道系统的具体工作情况尤为重要,其应该作为教育引导公众提升危机意识和应急素养的重要宣传工具,而不是博人眼球、抢夺热点的流量站。至此,智慧隧道系统才能通过公众的正确使用和积极配合,发挥其强大的灾害事故应急韧性水平和能力。

五、构建智慧隧道韧性系统

针对上述智慧隧道系统存在的各种问题和弱点,本文从常态和应急态两个大的方面致力于具体问题的分析和解决,确保隧道能够智慧化运作和系统应急韧性得以彰显。

(一)注重设备实用与先进性,保障系统健康运行

智慧隧道技术先进性与实用性并重,技术不断成熟发展有利于提高设备的耐久性,反之,基础设备如果经不起实践的检验,关键时刻就很难起到强有力的防控作用。智慧隧道日常运营所依托的各种设备都需要根据相关标准和要求进行严格把关,同时各系统的布局配备、实际价值、使用寿命、联动性能等安全保障因素要科学合理、符合现实,既要满足交通出行需求,又要保证系统高效运转。另外,还需定期检测各设备和系统的工作状态和情况,并结合专业人员开展现场检修和保养活动,发现受损部分应及时修复、老旧设施淘汰更换,保障智慧隧道系统全天候健康运营。因此,信息化设备和装置的可靠性和基础软硬件系统的稳定性对于智慧隧道风险预警、危机化解、正常作业功能的切实发挥至关重要,只有不间断地在这一关键点上发力,才能为其提供持续的安全防护动能,增强系统的底层防护韧性。

(二)激发智慧管理活力,确保各项流程有序

系统运行所依赖的人员和设施只有达到明确的分工和合理的配置才能产生良好的管理效果,这就要求管理层首先应提升团队的综合管理水平和服务质量,将人的潜力和物品的效用充分有效地发挥出来,共同维护好智慧隧道系统的运营。实际工作中,智慧化的管理应包括日常事务的管理和应急抗危的管理,第一任务是要关注各方细节,及时把危险火苗扑灭于萌芽阶段,同时做好日常工作的科学管理调度和总体安全预防,维持系统的稳定运转和人员的有序作业。基于此,将各种可能诱发不确定性的因素尽力控制在合理区间内,为应对突发公共安全事件营造有利的应急空间,更好抵御灾害风险冲击,最大限度减轻经济损失和人员伤亡。总之,通过平时状态下的精心管理和维护来构筑起抗击极端灾害、意外事故的第一道预防性屏障,再结合战时情境下依托快速决断和协同应急所汇聚成的第二道阻击性屏障,着力激活系统管理韧性和防御效能,切实增强智慧隧道的应变抗击打能力,真正实现自身价值和存在意义。

(三)完善预警防控工作,筹备紧急防御系统

智慧隧道功能的有效发挥,很大部分需要针对采集到的各种信息进行加工处理,发现异常现象及时进行预警预报,在尚未查明缘由或很难全力克服的情况下先将危险信号传播开来,以供管控部门和社会相关各方做好预防工作,降低灾害风险导致的损害。其间,要确保风险扩散时的公众疏散,保持预警和防控系统的联通,避免信息传播迟缓或无效带来的误导。同时,备有不同级别的防控设施和手段,增强系统防御的灵活性和伸缩性,当灾情升级时保证有更强大的风险应急系统给予回击,当极端事件发生时依然有足够的防御空间和措施进行先识别处理再抵抗最终达到可控防护。其中,重特大灾害事故防御部分应当在智慧隧道设计阶段有所考虑,以底线思维建设超强空间来应对极端风险,例如电力设备的高强度防火防水效果、排水排涝的多渠道快速疏通效果、局部设备瘫痪后的备用设施启动效果等。总之,非常规状态下的应急能否实现合理预期和应有功效,既需要提前关切可能诱发灾害事故的信息数据,及时把危险情况告知社会公众,更早预警,更早防范,又需要在原有常规基础防御系统上构建抗击更高强度风险的紧急备用机制,守好抵御灾害危机的最后一道防线,守好风险前端和末端的两个重要关口,才能最大程度提高智慧隧道系统韧性,更好地守护民众和社会安全。

(四) 规范媒体宣传行为，协同公众共抗危机

能否有效抗击突如其来的灾害危机，很大一部分和对自身情况以及现实状态的认知有着紧密关系。因而，关于智慧隧道系统建设情况、运营状态和抗压能力等既要有清醒客观的了解和把握，又要尊重事实、规范宣传报道，针对存在的不足和问题重点关注并及时化解补救，科学合理地激发系统具备的智能化应急优势，这样才能守得住、抗得住灾害风险。其中，在宣传播报的时候要基于实际情况，规范媒体报道的用语和内容，合理引导公众行为并营造宣传效果。同时，还应运用各种新闻媒介方式增强公众的抗险避灾意识和能力，确保灾害来临时能够依托智慧化系统最大范围调动抗灾力量，形成系统防御和公众协同的抗危机合力，一方面使得智慧隧道系统抗灾韧性在短时间内实现切实提升，另一方面使得受灾面积和损害程度降到最低。总之，应对紧急事件的发生，既需要前期切合实际的宣传介绍和正确引导，也需要中期抗灾过程中公众运用系统智慧作用的效能，还需要后期系统濒临极限时公众齐心协力共渡难关的强大意志力。

六、结语

本文在韧性视角下，以郑州特大暴雨中智慧隧道系统应对情况为例，结合智慧隧道建设、发展、价值意义和现实状况，分析和研究了韧性城市中，智慧隧道系统面临极端灾害风险时的应急管理能力。再针对其中存在的抗灾御险若干韧性问题进行具体探讨，把握问题的症结所在，而后通过构建常态和应急态双向结合的智慧隧道系统，来提升智慧隧道系统抗危机、抵御风险的韧性水平，从而有效地维护民众的生命和财产安全，保障社会经济能够快速有效地从危难中恢复过来。未来，在智慧隧道系统不断自我完善的基础上，应该更加重视应急方面的风险和挑战，加强管理、意识等软实力的增长，在预防中防范风险，确保智慧隧道系统效能得到切实发挥，加强城市韧性。

参考文献：

[1] 邵亦文，徐江. 城市韧性：基于国际文献综述的概念解析[J]. 国际城市规划，2015，30(2)：48-54.

[2] HOLLING C S. Resilience and stability of ecological systems[J]. Annual review of ecology and systematics，1973，4：1-23.

[3] 王海燕. 加快推进韧性城市建设 提升灾害风险治理能力[J]. 中国减灾，2021(11)：50-53.

[4] 俞茜，李娜，王艳艳. 基于韧性理念的洪水管理研究进展[J]. 中国防汛抗旱，2021，31(8)：19-25.

[5] 毕玮，汤育春，冒婷婷，等. 城市基础设施系统韧性管理综述[J]. 中国安全科学学报，2021，31(6)：14-28.

[6] 李彤玥. 韧性城市研究新进展[J]. 国际城市规划，2017，32(5)：15-25.

[7] 唐皇凤，王锐. 韧性城市建设：我国城市公共安全治理现代化的优选之路[J]. 内蒙古社会科学，2019，40(1)：46-54.

[8] 陈文龙，杨芳，宋利祥，等. 高密度城市暴雨洪涝防御对策：郑州"7·20"特大暴雨启示[J]. 中国水利，2021(15)：18-20，23.

[9] 李苗华，谭平玉，戴剑军，等. 智慧隧道一体化管控平台的设计与实现[J]. 湖南交通科技，2021，47(2)：16-20，24.

[10] 唐维，申丽萍. 高速公路隧道智能管控平台探究[J]. 中国交通信息化，2018(增刊1)：118-119.

Problems and Countermeasures in Smart Tunnel System of Resilient City: Take Zhengzhou Rainstorm as An Example

Yan Chang

Abstract: In the era of risk, the construction of resilient cities has aroused many concerns. The extremely heavy rain in Zhengzhou in 2021 exposed the vulnerability and lack of resilience of the urban smart tunnel system, and the resilience of the city in the face of extreme natural disasters needs to be further improved. This paper focuses on how to improve the resilience of the smart tunnel system. By completing the shortcomings of the system and making up the gap in practical application, the paper strengthens the management ability, improves the crisis response level, builds the emergency system of sudden disaster risk under the information construction, realizes the effective linkage between various elements of the system, and improves the resilience of the smart tunnel system to withstand and cope with major sudden disaster crises.

Keywords: intelligent tunnel system; disaster risk; resilience

疫情背景下智慧城市治理的挑战与应对

杨浩卿

摘要：新科技革命将人类推向以智慧治理为支撑的社会新阶段，2019 年年末突如其来的新冠肺炎疫情给城市智慧治理带来了严峻挑战。面对数据整合不足、平台建设滞后、数据缺乏价值理性、信息资源存在鸿沟、信息侵权等问题，应完善配套体制机制，厘清治理主体权责，扩大数据感知监测，强化数据科学支撑，健全基层智慧建设，推进治理试点示范，着力提升基层社区智能化水平，促进“人治”与“技治”的良好融合，实现城市复兴对健康生活和健康发展的引领。

关键词：智慧治理；城市管理；新冠肺炎疫情；治理转型

一、引言

2019 年年末，突如其来的新冠肺炎疫情是对城市治理体系和治理能力有效性的一次全方位挑战和检验，考验着城市管理者的智慧与担当，检验着城市的预测决策能力、资源调配能力、舆情引导能力和经济自愈能力，折射出当前城市治理能力的短板和漏洞，更促使我们思考如何着眼长远积极应对新挑战和新要求，着力提速城市治理能力建设，实现城市复兴对健康生活和健康发展的引领。

数据作为新型生产要素和战略资产，已成为城市发展的基础性资源，对政务、农业、工业、交通、教育、安防、城市管理、公共资源交易等领域均具有倍增作用[1]。在数字经济和实体经济融合发展的趋势下，数据正在内化融合到城市治理的各个环节中，人工智能技术在城市治理中的价值正在不断升华，在新冠肺炎疫情防控中扮演了不可或缺的角色。

纵观人类几千年的历史，每一次疫情都广泛而深刻地影响着人类文明和社会发展的进程。此次新冠肺炎疫情不仅给人民群众生命健康安全带来了极大的威胁，也对经济社会发展造成了严重影响，给城市治理带来了严峻挑战。城市智慧治理经历长足考验的同时也迎来了发展契机，如何在不断变动的形势中站稳脚跟，稳住态势，在挑战与机遇中不断更新迭代，完善自身，促进“善智”与“善治”的发展，推动城市治理由“智能治理”向“智慧治理”转变，是我们亟须思考的问题。

二、智慧城市治理面临的挑战

云计算、大数据、物联网、人工智能、区块链等新一代信息技术的直接或间接应用，为防疫抗疫工作做出了巨大贡献。虽然人工智能技术在疫情防控中发挥了重大作用，但在某些方面仍存在薄弱之处，需进一步提升。

（一）信息感知渠道单一，数据支撑整合成效不足

除了防控工作动态、防护知识、政策文件等信息之外，面对疫情时实时量化的疫情相关数据也是公众关注的重中之重。目前政府数据的开放程度和维度不够，基层社区信息化水平不高，难以满足公众需求。数据采集仍过多依赖系统填报、人工登记等，对物联感知、自动获取等新技术手段利用不足。各类采集统

作者简介：杨浩卿（1999—），男，江苏徐州人，中国矿业大学公共管理学院（应急管理学院）硕士研究生，研究方向为城市公共安全风险治理。

计数据上报多，整合融合后的数据下沉少，城市治理服务缺乏数据支撑，真正“用得上”的数据不多，严重影响了后续数据分析和预测的准确性与科学性。

大数据的核心在于互联互通，只有实现了多源数据的融合，才能发挥大数据真正的价值。目前公开渠道获取的数据仍存在数据口径、统计时间、时间颗粒度等维度不统一等现象，数据规范性和可信度不高，不同层级、系统、部门、业务之间的数据资源整合融合成效差，“数据孤岛”“各自为政”等现象依然存在，业务协同能力明显不足，数据融合机制建设仍然不完善，导致城市运行数据离散分割、数据价值大打折扣。

（二）人工智能算力有待提升，治理体系平台建设滞后

大数据正在改变着现有的城市研究范式，需要创新理论和分析手段以应对研究方法挑战[2]。数据分析在很大程度上决定了大数据产生有效信息的深度，计算能力是数据分析的核心竞争力。当前的数据计算能力不足，面对突然爆炸式增长的数据量，对海量数据难以做到高效实时的计算和反馈，严重制约了数据的开发利用水平。例如，部分地区在疫情防控形势严峻时因数据算力不足而产生“健康码”界面崩溃的情况，影响了疫情防控的正常推进。云计算、人工智能充足强大的算力能够有效提升病毒研究、药品研发和数据检测的科学性，同时大大缩短耗时，为战胜疫情赢得宝贵时间。在未来的智慧治理思维中，应充分发挥人工智能的优势，全面提升数据计算能力，不断延伸数据的分析应用深度。

伴随着城市智慧治理需求程度的加深、需求面的增大，以城市海量数据智能驱动的智慧治理将成为主流的城市治理模式[3]。智慧城市治理体系作为城市数字化基础设施和开放创新平台，在城市运行综合监测、资源调配、决策支持、趋势预测、应急响应等方面发挥着重要作用，是提升城市智慧治理水平的关键因素。当前城市治理平台基础不扎实，城市大脑的组件化、工具化基础支撑能力不足，没有形成成熟的配套治理体系。深度学习和模拟预测的能力较弱，对突发事件的应对成效差或应对面较狭窄，难以快速利用现有数据资源形成系统性的服务平台，不足以保障智慧城市的高效、健康运转。

（三）“量化”决策存在风险，数据依赖降低价值理性

“算法黑箱”和“数据偏误”是城市智慧治理中提升决策能力的两大制约因素。首先，进入智慧社会，数据和算法成为智慧治理新的社会资源和生产要素。其中，在基于数据和算法的建模化城市治理模式下，数据相当于城市治理的资本和财富，算法相当于城市治理话语权和规制权[4]。一旦输入的数据值错误，或者数据值不够客观，则容易出现城市治理决策错误。例如，社会公众满意度指标数据的客观性不易考量，如果数据出现偏差则会误导决策等。其次，由于决策者无须关注整个技术操作过程就能得到治理决策方案，这一技术操作过程的“不透明性”，容易包含不稳定、不公平和不劳而获等因素，其算法偏见或者歧视往往可能会被掩盖。在智慧治理愈发依赖数据和算法的同时，城市治理秩序将由“质性”逐步转为“量化”。

城市智慧治理离不开智能技术建构相互依赖的关系网络，不同城市治理主体在这一关系网络中通过数据交互进行技术性沟通，这在一定程度上将大大减少城市治理主体间的社会性互通，长远来看也将威胁到城市治理主体的地位和活力。再者，不同城市治理主体盲目追求技术理性，推崇技术手段和大数据治理，使得智慧治理推进治理现代化的价值理性显得扑朔迷离[5]。智慧治理的发展愈发依赖技术，技术逐步影响着城市治理主体的决策和执行的自主性，容易陷入“靠数据说话”的技术理性占主导的惯性思维，将城市治理的权力由“人”交付给“技术”，这将出现技术与人的主体地位变动的风险[6]。

（四）配套制度建设滞后，区域信息资源鸿沟明显

当前我国正处于智慧治理推进治理现代化的初创时期，一些政府政策制度的出台滞后于技术创新实践，阻碍了城市治理现代化向纵深发展。一是现有制度框架有待突破。智慧治理推进治理现代化是人类理性与技术理性、人类决策与机制判断的交互结果，需要突破传统城市治理模式的制度框架，包括权利义务、规则程序、责任归属、救济方式等。二是技术资源配置制度不合理。目前，智慧治理的技术资源配置

难以达到区域或个体平衡，导致不同社会地位的治理主体拥有的信息资源不对等，技术普及的速度与智慧治理发展速度的差距较大，数据鸿沟越来越明显，较为严重的不对等甚至会导致“技术难民”群体出现，加剧利益冲突。

（五）数据秩序风险涌现，信息侵权引发信任危机

在推进智能城市治理现代化的过程中，其信息高度共享的特征使得大量数据暴露在网络中，公民的隐私保护和信息安全遭到冲击，逐渐上升为困扰智慧治理的秩序风险。

一是城市治理的数据开放范围有待拓展，对一些社会需求度高的领域例如教育、医疗等的数据信息资源开放力度较弱。同时城市治理的开放数据更新频率较低，开放形式多为静态数据表达，实时性、动态性的数据较少。

二是城市智慧治理法治化薄弱，不少社会公众因信息公开而导致隐私泄露问题，不法分子侵害社会公众隐私的手段日趋隐秘化，现有法治体系对这些信息侵权行为予以法律制裁尚存在较大困难。

三是智慧治理技术尚未达到保证基层社会公众信息绝对安全的水准。基层智慧治理因基础设施不完善、资金短缺、人才资源支撑力不足等短板，致使智慧治理的技术创新更迭较慢，其技术水准不足以第一时间确保基层社会公众信息绝对安全。因此，在数据联通后，部分社会公众因担心信息安全问题而不愿将自己的信息共享于智慧治理的网络中，进而形成信任危机。

三、城市智慧治理应对路径

面对情势复杂的疫情，为保障人民的健康发展与社会的稳定运行，城市智慧治理要促进城市的人流、物流、信息流、交通流协调高效运行，变革传统的城市治理模式，建立互动、高效、人性化的城市治理机制，发挥智慧技术的最大功效[7]。运用大数据、云计算、区块链、人工智能等前沿技术推动城市管理手段、管理模式、管理理念创新，促进政府治理方式转型，构建城市智慧治理平台体系，从数字化到智能化再到智慧化，是提升疫情形势下城市治理水平、保障民生与社会稳定、解决城市病症痛点的必由之路。

（一）完善配套体制机制，厘清治理主体权责

进入新技术革命时代，技术发展日新月异，非西方社会正在呈现出跨越式、超越式的非常态发展，基于西方社会发展经验的理论已难以提供社会前进的路标[8]。面对疫情，我们更要走好自己的路，加速推动智慧治理体制机制创新，实现智慧治理与新技术革命深度融合。

一是要从顶层设计加强对技术发展的研判。从整体性出发把握智慧治理全局，建立贯通基层治理和国家治理的长效机制。通过建立高效的统筹协调机制，实现智慧治理的有序推进，推动地方政府协调融合，注重突破基层治理难点与瓶颈，积极推动试点引领作用。

二是要建立健全智慧治理相关法律法规体系。推动“智慧治理”法治化进程。新时代智慧治理法治化应体现智慧理念，更新智慧治理内涵，倡导智慧治理成为城市治理的功能性需求，形成智慧治理理念和价值观。通过配套的法律法规，明确治理主体的责任和地位，细化治理主体智慧化流程。

三是要建立完善智慧治理评价体系。智慧治理在一定意义上是基于新兴技术革新的动态性数据治理新模式，技术要素的介入将使智慧治理不断更新其内涵。例如，依托数据挖掘和智能处理分析技术的数据治理路径即循数治理也随之嵌入智慧治理过程，使得智慧治理的理念愈来愈以一种“循数”技术路径得以扩散。应进一步厘清主体权责，建立完善的评价制度与标准，确保智慧治理健康发展。

（二）扩大数据感知监测，促进数据循环共享

一是要加强各类视频监控、物联网传感器和5G网络等信息基础设施建设，完善城市治理基础数据采集，在机器学习、人工智能等技术的驱动下，即时、全量地从海量数据中获取城市系统运行参数并提取各类社会事件，以支持城市治理中的各类大数据计算，特别是疫情暴发后的疫情监测数据、建筑尺度下的人流进出微观数据、城区尺度下的人口流向宏观数据、复工复产相关经济数据（例如电力使用、线下消费）等

关键数据的动态监测与感知，为城市治理中各类智慧化应用打下基础。

二是要建立多源数据融合机制，形成数据共享良性循环。充分发挥数据在城市智慧治理的运行决策、指挥调度、基层管理等环节上的驱动和带动作用，将各政府部门、企业和互联网等数据，例如视频监控等非结构化数据、物联网采集数据、企业经营数据、酒店景区数据、社会车辆数据、共享单车网约车的监管数据、航空港口铁路的客流物流数据、高德百度等 LBS（围绕地理位置数据而展开的服务）数据、微信微博等社交媒体数据进行汇聚与融合，最终形成对人、车、事件的全面立体化的泛在感知能力。

（三）强化数据科学支撑，形成城市治理闭环

科技支撑能力是催生和促进智慧治理的核心要素。信息技术的普及化是推动城市智慧治理的基本保障。智能技术进入城市治理复杂的现实环境时，会不可避免地遇到技术偏差，其准确性和真实性问题通常会受到社会因素的影响，因此需要从“软知识”和“硬技术”两方面双向发力。一方面，要持续提高科技支撑能力，提升智慧治理的知识供给能力，加强数据收集分析能力，提供更加科学和准确的决策数据；推动科技治理体系建设，加强智慧治理与科技治理融合，保证数据客观准确，减少数据使用风险。另一方面，应重视技术韧性，挖掘“智治”的价值张力，正确处理“人治”与“技治”的关系，实现相互促进，始终将以人为本作为智慧治理的逻辑起点。

除可预测的变化之外，疫情对于城市的影响还包括其暴发源头、传播途径等难以预测的未知因素。在基于对城市空间人口数据、疫情监测数据、复工复产相关经济数据全面感知的情况下，以泛在数据感知能力为依托，由即时事件驱动，将全量数据汇入云平台，在强大计算力和人工智能的支撑下，根据城市运行态势预测事件类型及影响，在推送引擎的驱动下实现智能研判、指挥、处置联动，提升治理平台开发能力，形成城市智慧治理闭环。与城市运行指挥平台进行整合，进一步优化完善城市治理闭环，推动开放治理平台应用接口，实现纵深拓展。结合传染病学、城市经济学、城市管理学、城市应急或生产相关的专业化算法模型，对疫情发展变化和城市运行情况进行动态模拟，探索其发展规律，以数据科学为决策提供支撑。

（四）加速基层智慧建设，推进治理试点示范

社区是城市治理的“最后一公里”，也是智慧城市建设的基础模块。在智慧城市场景下，智慧治理必然要借助多元主体（政府、社会、市场等）和技术互构的协同关系结构，建设价值耦合的高质量智慧治理。数据高效流动是智慧治理的关键。数据在政府内部、社会内部以及政府与社会之间无障碍流通的关键在于打破数据割据状态，释放城市基层数字红利。在推动城市智慧治理的过程中，应确保基层数据精准链接，减少数据“结节”，把加速推动数据资源作为预测、监管和干预等治理措施的科学依据。

受限于当前的技术水平和相关政策，人工智能技术应用于城市治理的渗透程度和深度还有待提高，应积极探索创新应用场景，结合建设基础和需求，合理规划各领域专项工程的推进时序。优先推进能够较快应用且能够切实解决民生问题的专项领域智慧应用的实施，例如智慧户籍管理、智慧停车、智慧安防监控、远程健康医疗服务等。搭建城市基层社区信息整合与多元交互的智慧治理平台，从碎片化的基层治理转向整体性的城市智慧治理，打破现有的城市基层治理格局，推动技术价值整合。

未来应关注社区“自下而上”的智能应用并积极推进社区智慧治理的试点与示范，完善集人、地、物、组织于一体的网格化社区管理与服务模式，提升社区管理的智能化水平和精细化程度，实现社区管理的无盲点、全覆盖，同时加大政策扶持力度，鼓励支持企业、社会组织积极参与智慧社区建设试点，为城市智慧治理夯实基础、丰富实践经验，推动构建共建共治共享的智慧治理新局面。

四、结论

城市的有效治理是关乎国家发展的战略性问题，面对城市治理中尚存的一些区域不平衡、信息不互通、安全难保障、部门缺协作、政策不配套等问题，应遵从人本化、综合化、法治化、协同化的智慧治理基本

理念和发展趋势，注重“人技共治”的重要价值内核，通过打破信息孤岛、加强规范管理、深化数据应用、促进多元协同等手段，不断完善智慧城市治理的相关机制，利用海量数据进行全局分析预判，智能化调配城市公共资源，借助人工智能等技术手段为城市管理者、决策者打造直观有效的城市运行视图，实现城市治理的目标精准化、成本适宜化，推动城市智慧治理的创新实践与高质量发展。

参考文献：

[1] 王春晖.加快培育数据要素市场的基本方略[N].人民邮电，2020-04-28(4).

[2] 杜明芳.以人工智能为引擎推进新基建驱动的“智能＋城市”建设[J].中国建设信息化，2020(6)：34-39.

[3] 马长山.智慧社会的治理难题及其消解[J].求是学刊，2019，46(5)：91-98.

[4] 沈费伟.技术嵌入与制度吸纳：提高政府技术治理绩效的运作逻辑[J].自然辩证法通讯，2021，43(2)：80-86.

[5] 刘伟，翁俊芳.撕裂与重塑：社会治理共同体中技术治理的双重效应[J].探索与争鸣，2020(12)：123-131.

[6] 辜胜阻，杨建武，刘江日.当前我国智慧城市建设中的问题与对策[J].中国软科学，2013(1)：6-12.

[7] 张成岗.人工智能时代：技术发展、风险挑战与秩序重构[J].南京社会科学，2018(5)：42-52.

[8] 王张华，颜佳华.人工智能驱动政府治理变革：内在机理与实践样态[J].学习论坛，2020，36(11)，54-62.

Challenges and Responses to Smart City Governance in the Context of COVID-19

Yang Haoqing

Abstract: The new scientific and technological revolution has pushed mankind to a new stage of society supported by smart governance. The sudden COVID-19 epidemic at the end of 2019 has brought severe challenges to urban smart governance. Faced with problems such as insufficient data integration, lagging platform construction, lack of value rationality in data, gaps in information resources, and information infringement, we should improve supporting systems and mechanisms, clarify the rights and responsibilities of governance subjects, expand data perception and monitoring, strengthen data science support, improve grassroots intelligence construction, promote governance pilot demonstrations, and strive to improve the intelligence level of grassroots communities. Promote the good integration of "rule by man" and "rule by technology", and realize the lead of urban rejuvenation for healthy life and healthy development.

Keywords: smart governance; urban management; COVID-19; governance transformation

基于熵权 TOPSIS 法的社区韧性综合评价研究

柏毓彤

摘要：社会治理的着力点和关键点在基层社区，痛点和难点也在基层社区。面对高度不确定以及高度复杂的风险社会环境，一些社区应急管理工作暴露出社区韧性薄弱的问题。为探究我国社区韧性状况，本文依据社区韧性的核心要义与常态化防疫的本质要求，从应急管理、经济社会、民生保障、反思学习等维度建构了本土化的社区韧性评估指标体系，并基于全国 31 个省级行政区的相关调查数据，运用熵权 TOPSIS 法对我国社区韧性状况进行综合评价。

关键词：社区韧性；熵权 TOPSIS 法；综合评价

一、引言

社区作为社会治理基础且关键的"细胞单元"和"神经末梢"，是国家治理体系和治理能力的直接体现。社区易遭受各类灾害、危机的冲击，有 80%的突发危机事件都发生在社区。[1]在不确定性与复杂性加剧的风险社会之下，社区是抵御风险的前沿阵地，发挥着重要作用。社区不仅是危机发生的第一场所，同时也是应急管理的前沿阵地。2020 年年初新冠肺炎疫情大面积暴发，严重威胁人民的生命健康安全，对世界经济体系造成巨大冲击。中国城乡社区建立全面动员和群防群治防线，以城乡社区为微控单元，以居住地为空间范围，布局源头治理，[2]筑起坚强的战斗堡垒，取得了疫情防控的胜利。

疫情既凸显了基层社区是防控风险的第一线，更突显了基层社区韧性建设问题，即既能应对复杂多变的突发风险挑战，还能从巨灾风险的冲击中恢复原状并在不断适应变化的过程中实现创新。社区韧性治理强调社区应对突发危机变化的弹性防控，以及在风险的冲击下能恢复原状，并在不断适应疫情变化的过程中实现创新，以适应不同时期社区应急管理、民生保障与经济社会发展的不同需要。[3]具体来说，即社区能充分链接社区外部资源，统筹物资资源，实现风险抵御能力提升，同时有效动员内部人员实现能动，应对风险挑战。

事实上，随着我国逐步进入疫情常态化防控阶段，党中央多次提出社区要统筹疫情防控和经济社会发展，坚持常态化防控和局部应急处置有机结合，根据疫情形势及时调整防控举措[4]。这传达出党中央关于提升社区韧性的新要求，要求在社会正常运转下精准防控，保障人民群众的生命健康安全和促进经济社会发展。然而，一些社区出现的"一刀切""层层加码"等防控中出现的问题暴露出社区难以有效贯彻落实中央的重大部署。对此，本文通过构建本土化的社区韧性评估指标体系，并借助熵权 TOPSIS 法对社区韧性状况进行评估，探究社区韧性现状及原因，以期为社区韧性研究提供参考。

二、社区韧性评估指标体系

韧性，这一概念最初源自物理学领域，是指物质材料在变形过程中不易发生折断和破裂的特性，其在 20 世纪 70 年代成为生态学的重要概念，80 年代韧性概念被引入心理领域，韧性研究随之从环境转向个

作者简介：柏毓彤(2000—)，女，中国矿业大学公共管理学院(应急管理学院)本科生，研究方向为行政管理。

体，90 年代韧性研究从个体转向群体、从心理转向文化。从研究脉络看，韧性的内涵与外延在不断完善，从注重系统的抵抗恢复能力到强调系统的适应发展能力，实现了由工程韧性、生态韧性到演进韧性的发展演变。[5]近年来，韧性概念被广泛应用于城市社区风险治理中，韧性社区成为基层治理领域中具有较高关注度的研究议题之一。韧性社区是以社区共同行动为基础，能链接内外资源、有效抵御灾害与风险，并从有害影响中恢复，保持可持续发展的能动社区。[6]这一概念凸显了韧性社区既能防控复杂多变的灾害风险，还能从灾害风险冲击中恢复原状并在不断适应变化的过程中实现创新的意蕴。

（一）国外社区韧性评估指标研究

国外关于社区韧性的研究起步较早，但是对社区韧性评估及指标体系划分方面的研究比较零散。Cutter 等提出从社会、经济、制度、基础设施、生态和社区能力等六大方面构建韧性评价指标体系。[7] Simpson 认为社区韧性指标应该包括灾害风险、社会资本、社区资产、基础设施质量、社会服务和人口质量等。[8] Wilson 在已有研究基础之上将社区韧性划分为社会韧性、经济韧性、自然韧性三个维度。[9] Norris 等在对社区韧性进行评估时强调社区基础设施、灾后恢复能力等方面，将社区韧性评估指标分为经济发展、社会资本充盈度等维度。[10]韧性矩阵框架将对社区韧性的评估细化到对灾害的准备、吸收、恢复、适应等四个阶段中社区应急表现，将社区韧性评估维度集中在社会、经济、制度、工程、生态等维度。

（二）国内社区韧性评估指标研究

国内对于社区韧性评估指标研究起步较晚，成果较少。有学者利用 RATA 韧性评价体系对天津市某社区进行韧性评价，并将社区可恢复力与社区灾害的易损性比值作为韧性衡量标准，构建了社区韧性评价模型。蓝煜昕等从治理体系现代化视角出发，将社区韧性评估维度划分为结构韧性、过程韧性、能力韧性和文化韧性等四大指标。[11]王冰等对评估社区韧性的 4R 弹性框架、CDRF 模型和 DROP 模型进行了比较分析，提出这些模型和体系多是静态分析，缺少动态弹性过程的分析，具有一定的局限性，不适于评估我国社区韧性。[12]总体而言，国内学者从研究单一维度指标到构建综合维度指标体系，既研究国外评估方法的适用性又进行本土化改造，尝试自主建构评估方法。韧性社区评估体系评价见表 1。

表 1　韧性社区评估体系评价

名称	评估模型	评估内容	评估方法	优势	不足
社区基线韧性指数	根据卡特的 DROP 模型，划分 6 类指标	住房/基础设施、生态系统、机构、经济、社会、社区资本	依托公开信息自上而下进行定量评估	简单易懂、操作方便、决策参考	不同评估单位间的指标差异较大
联合社区韧性评估	通过研究 9 个中小型城镇确定 6 个社区韧性指标，并采用皮尔森相关分析方法识别社区韧性	领导力、集体效能、准备、场所依赖、社会信任、社会关系	通过调查问卷进行自上而下的定量评估方式	分析单元灵活，使用 ROC 曲线分析验证分析方法的可靠性	统计样本数量较少，没有考虑社会网络指标
能力-过程-目标	根据韧性社区内涵划分能力、过程和目标三大指标	能力维度：稳定能力、恢复能力和适应能力；过程维度：影响社区能力动态提升的外部因素；目标维度：应对目标的实现情况	根据广泛的数据进行自上而下的定量评估	指标依据韧性内涵，更能体现出韧性的特性	指标设置不全面，指标不具有普遍适用性
生态韧性-经济韧性-工程韧性-社会韧性	从城市生态系统、国内生产总值(GDP)、基础设施、居民四个方面评估	城市生态系统、GDP、基础设施、居民	通过数据定量评估	简单易行，有本土特色	指标较为单一，难以全面反应社区韧性，且指标的解释力尚待验证

（三）社区韧性评估框架

社区韧性评估研究有助于衡量社区韧性状况，对韧性理论的实践运用有着重要的意义。整体来看，学者多从各自学科视角出发，或关注单一维度的评估指标，或建立综合类的社区韧性评估指标，对于指标体系的构建提出了众多研究思路，但是尚未建立一个相对系统且成熟的社区韧性评估体系。评估指标在一定程度上比较分散，偏向工程灾害方面，国外学者对评估指标进行了大量的实证研究与修正，国内学者在评估指标评测模型与实证分析方面的研究较少。

对此，本文设计出既能充分体现社区韧性的本土化评估指标体系，又能适用于风险防控问题。本文在现有研究的基础上，选取应急管理、经济社会、民生保障和反思学习等四大维度进行测量和描述社区韧性。其中，民生保障是社区满足居民日常生活情况，经济社会是稳定经济社会发展情况，应急管理是社区应对突发风险挑战情况，反思学习是社区总结学习风险应对经验情况。指标取值根据李克特五级量表赋值为 1～5，分别表示非常差、比较差、一般、比较好、非常好。在此基础上，采用熵权法对各维度进行权重测算，经测算得出各维度与社区韧性有较强的相关性。

指标的选取影响着量化评估的科学性与客观性，需要对指标进行科学合理的选取与筛选。为了检验初步建立的社区韧性评估指标体系的科学性与实用性，本文进行了专家咨询，结合专家意见与实用性试验，对部分不符合要求的指标进行调整替换，以求达到预期效果。最后，通过层次分析法对初步确定的指标进行筛选，依次经过建立缔结层次结构、构造两两判断矩阵和一致性检验等步骤，计算各层因素对总体目标的合成权重，并进行排序，最终确定应急管理、经济社会、民生保障和反思学习等 4 个一级指标、12 个二级指标。社区韧性评估指标体系见表 2。

表 2 社区韧性评估指标体系

一级指标	二级指标	三级指标
应急管理	预防预警	危机感知灵敏度、信息反馈及时情况
	处置救援	物资、人力、财力统筹情况、指挥协调情况、救援方案制定情况
	恢复重建	灾后重建情况、社会秩序恢复情况
经济社会	交通运输	交通运输范围、顺畅度等受疫情影响情况
	产品供应	产品供应数量、种类、渠道等受疫情影响情况
	物价水平	物价受疫情影响波动异常、价格不合理等情况
民生保障	衣食住行	日常衣食住行方便度、可及性和满意度等情况
	养老就医	养老就医正常秩序和保障水平等受疫情影响情况
	娱乐消费	正常娱乐消费、场所、行为等受疫情影响情况
反思学习	总结自身经验	根据中央精神、现实问题总结自身疫情防控经验情况
	学习先进经验	主动学习借鉴其他地方精准化防疫先进经验情况
	发现现有问题	采取举措预防、识别、预警及解决问题情况

三、评估数据与评估工具

（一）评估数据

本文采用分层抽样与随机抽样相结合的调查方法。首先，选取 31 个省（区、市）（未含香港、澳门特别行政区和台湾地区），在每个省中随机抽取一个市（即 31 省×1 城市）进行调查，抽样城市的选择兼顾经济发展水平、城市规模等因素。其次，在每个市随机选择 10 个社区（即 31 省×1 城市×10 社区），为了使得样本更加全面丰富，社区的选择兼具城市社区与农村社区。最后，在选定的社区中，每个社区随机挑选社区居民和与社区相关的工作人员 7 个(即 31 省×1 城市×10 社区×7 个)样本。本次调查以问卷调查为主,以深度访谈为辅,从而获取更深层次且翔实的社区韧性情况。由于疫情防控需要,以线上调查为主,线下调查为辅。考虑到线上问卷调研的相对不确定性,调研组随机抽选 10%的受访者进行回访,对问卷数据质量进行检验,以保证调查数据的可靠性。最终发放问卷 2 170 份,经手动剔除 58 份无效问卷之后,最终回收有效问卷 2 112 份,有效率为 97.3%,达到 90%的问卷有效率要求。

(二)数据分析

调研样本分布见表 3,调研样本特征见表 4。由表 3 和表 4 可知,地区分布上,东、中、西部有效样本数分别占比 46%、24%、30%。性别分布上,受访者中性别比例均衡。年龄分布上,受访对象主要以 18～40 岁青壮年为主,中老年与少年少量分布。文化程度上,受访对象学历为本科及以上占比 59.66%,大专、高职中专占比 28.37%,初中、小学及以下占比 11.98%,这说明被调查者受教育水平整体较好。政治面貌上,中共党员、共青团员及群众比例较为均衡,可代表不同政治面貌的被访者对问卷的认知水平。社区情况上,受访对象较多居住于城市社区。职业情况上,各类职业人群广泛涉及,样本具有一定代表性。

表 3　调研样本分布

调研地区	样本量	问卷回收数	有效数	有效率
东部	1 000	962	962	96.2%
中部	520	507	507	97.5%
西部	650	643	643	98.9%
合计	2 170	2 112	2 112	97.3%

表 4　调研样本特征

特征指标	分类	频数	所占比例	均数	标准差
性别	男	871	41.24%	1.59	0.50
	女	1 241	58.76%		
年龄	18 岁以下	142	6.72%	2.65	0.95
	18～25 岁	975	46.16%		
	26～40 岁	519	24.57%		
	41～60 岁	427	20.22%		
	60 岁以上	49	2.32%		
文化程度	小学及以下	64	3.03%	4.17	1.16
	初中	189	8.95%		
	高职中专	322	15.25%		
	大专	277	13.12%		
	本科及以上	1 260	59.66%		
政治面貌	中共党员	441	20.88%	2.21	0.78
	民主党派	802	37.97%		
	共青团员	852	40.34%		
	群众	17	0.80%		
社区类型	城市	1 344	63.64%	1.36	0.48
	农村	768	36.36%		

表 4(续)

特征指标	分类	频数	所占比例	均数	标准差
职业	机关事业单位人员	416	19.70%	3.09	2.33
	学生	972	46.02%		
	工人	156	7.39%		
	农民	96	4.55%		
	私营企业主	107	5.07%		
	务工人员	126	5.97%		
	无业	36	1.70%		
	退休	64	3.03%		
	其他	139	6.58%		
合计		2 112	100.00%	—	—

注:表内数据四舍五入,取约数。

（三）评估工具

目前学术界已经有较多成熟的社区韧性评估工具,主要使用层次分析法、熵权法、综合评价法、TOPSIS 综合评价法等方法,对社区韧性状况进行量化评估。有学者提出了 PEOPLES 评估体系,并据此构建了综合的分析框架和计算模型,但是偏向定量数据。整体来看,适用的评估工具较少,且部分评估方式过于简单,难以解释复杂现状;或者依赖于专家主观意见确定权重,导致主观评价结果容易偏离实际。在对各评估方法进行对比分析后,本文选择评估更为多样全面客观,数据有更高的可获得性、可度量性及科学性的熵权 TOPSIS 法作为评估方法。

熵权 TOPSIS 法作为熵权法与 TOPSIS 法联用形成的综合评价法,其运算机理是以熵权法为各对象赋予客观权重,再以 TOPSIS 法度量待评对象各指标值与最优解间的距离,最后按距离值大小对各待评对象排序,完成评估步骤。熵权 TOPSIS 法相较于其他评估方法,具有评估更为多样全面客观,数据有更高的可获得性、可度量性及科学性,且操作过程更为简单等优点,能适用于本文对于全国社区评估的全面多样且处理数据大等要求。

（四）评估过程

1. 标准化矩阵的建立

假设社区韧性的原始数据矩阵为:

$$\boldsymbol{V}=\begin{bmatrix} v_{11} & v_{12} & \cdots & v_{1n} \\ v_{21} & v_{22} & \cdots & v_{2n} \\ \vdots & \vdots & \ddots & \vdots \\ v_{m1} & v_{m2} & \cdots & v_{mn} \end{bmatrix} \tag{1}$$

要得到标准化矩阵,可以采用归一化方法对原始数据进行处理。标准化处理方法如式(2)所示,标准化矩阵为:

$$r_{ij}=\frac{v_{ij}-\min(v_{ij})}{\max(v_{ij})-\min(v_{ij})} \tag{2}$$

$$\boldsymbol{R}=\begin{bmatrix} r_{11} & r_{12} & \cdots & r_{1n} \\ r_{21} & r_{22} & \cdots & r_{2n} \\ \vdots & \vdots & \ddots & \vdots \\ r_{m1} & r_{m2} & \cdots & r_{mn} \end{bmatrix} \tag{3}$$

其中,$\boldsymbol{V}$ 为初始评价矩阵,v_{ij} 为第 i 个受访者第 j 个指标的初始值;$\boldsymbol{R}$ 为标准化后的评价矩阵,r_{ij} 为第 i 个受访者第 j 个指标的标准化值;$i=1,2,\cdots,m$,且 m 为受访者的人数;$j=1,2,\cdots,n$,且 n 为评价指标的个数。

2. 计算熵值

计算出第 i 个受访者的熵值 e_i 结果如下:

$$e_i = -k\sum_{j=1}^{n} p_{ij} \cdot \ln p_{ij} \tag{4}$$

式中,调节系数 $k=\dfrac{1}{\ln n}$,$p_{ij}=\dfrac{r_{ij}}{\sum\limits_{j=1}^{n} r_{ij}}$

3. 熵权的确定

熵权法能够有效兼顾指标的变异程度,客观反映其重要性,熵权的计算公式为:

$$W_i = \frac{1-e_i}{m-\sum\limits_{i=1}^{m} e_i} \tag{5}$$

4. 基于熵权的评价矩阵构建

为进一步提高社区韧性评价矩阵的客观性,借助加权思想,运用熵权 W_i 构建加权规范化评价矩阵 $\boldsymbol{Y}$,$\boldsymbol{Y}$ 的计算公式为:

$$\boldsymbol{Y} = \begin{bmatrix} y_{11} & y_{12} & \cdots & y_{1n} \\ y_{21} & y_{22} & \cdots & y_{2n} \\ \vdots & \vdots & \ddots & \vdots \\ y_{m1} & y_{m2} & \cdots & y_{mn} \end{bmatrix} = \begin{bmatrix} r_{11}\cdot \mathrm{w}_1 & r_{12}\cdot \mathrm{w}_1 & \cdots & r_{1n}\cdot \mathrm{w}_1 \\ r_{21}\cdot \mathrm{w}_2 & r_{22}\cdot \mathrm{w}_2 & \cdots & r_{2n}\cdot \mathrm{w}_2 \\ \vdots & \vdots & \ddots & \vdots \\ r_{m1}\cdot \mathrm{w}_n & r_{m2}\cdot \mathrm{w}_n & \cdots & r_{mn}\cdot \mathrm{w}_n \end{bmatrix} \tag{6}$$

5. 正负理想解确定

设 Y^+ 为评价数据中第 i 个受访者在第 j 个指标中的最大值,称为正理想解;Y^- 为评价数据中第 i 个受访者在第 j 个指标中的最小值,称为负理想解,其计算公式为:

$$Y^+ = \{\max_{1\leqslant i\leqslant m} y_{ij} \mid i=1,2,\cdots,m\} = \{y_1^+, y_2^+, \cdots, y_m^+\} \tag{7}$$

$$Y^- = \{\min_{1\leqslant i\leqslant m} y_{ij} \mid i=1,2,\cdots,m\} = \{y_1^-, y_2^-, \cdots, y_m^-\} \tag{8}$$

6. 距离计算

本文采用欧式距离作为距离的计算公式。令 D_j^+ 为第 i 个受访者与 y_i^+ 的距离,D_j^- 为第 i 个受访者与 y_i^- 的距离,具体的计算公式为:

$$D_j^+ = \sqrt{\sum_{i=1}^{m} (y_i^+ - y_{ij})^2} \tag{9}$$

$$D_j^- = \sqrt{\sum_{i=1}^{m} (y_i^- - y_{ij})^2} \tag{10}$$

7. 评价对象与理想解贴近度的计算

令 T_j 为第 j 个指标的贴近度,取值范围介于 0 到 1 之间。当 $T_j=0$ 时,社区韧性最差;当 $T_j=1$ 时,社区韧性最好。社区韧性的计算公式为:

$$T_j = \frac{D_j^-}{D_j^+ + D_j^-} \tag{11}$$

四、评估结果与评估分析

根据上述相关公式，运用MATLAB测算我国社区韧性状况指数，并分区、分维、分城乡测算东部、中部、西部地区的社区韧性评估状况(见表5)。W代表权重，C_i代表贴近度。根据对现有相关评估标准的整理与分析，测算体系将社区韧性状况划分为Ⅰ—Ⅴ级共5个等级，构成5个区间[0,0.2)、[0.2,0.4)、[0.4,0.6)、[0.6,0.8)、[0.8,1)，其中每个区间分别对应Ⅰ级(非常差)、Ⅱ级(较差)、Ⅲ级(一般)、Ⅳ级(较好)、Ⅴ级(非常好)等5个等级。

表5　社区韧性评估状况

区域		指标								
		应急管理		经济社会		民生保障		反思学习		总体
		W	C_i	W	C_i	W	C_i	W	C_i	C_i
城市		0.265 5	0.361 9	0.242 5	0.374 1	0.216 4	0.476 9	0.275 6	0.449 4	0.415 6
农村		0.280 4	0.344 0	0.236 7	0.388 3	0.224 0	0.487 4	0.259 0	0.463 8	0.420 9
东部	总体	0.284 9	0.353 4	0.253 5	0.377 6	0.221 4	0.464 9	0.240 2	0.458 9	0.413 7
	城市	0.277 7	0.363 5	0.256 0	0.379 3	0.220 3	0.475 0	0.246 0	0.439 2	0.414 2
	农村	0.273 2	0.336 4	0.233 1	0.374 9	0.206 6	0.448 4	0.287 1	0.489 5	0.412 3
中部	总体	0.250 7	0.390 7	0.282 6	0.379 2	0.220 4	0.498 3	0.246 3	0.448 4	0.415 0
	城市	0.231 2	0.414 8	0.272 7	0.381 3	0.224 6	0.481 6	0.271 5	0.442 0	0.408 8
	农村	0.283 5	0.353 5	0.224 6	0.376 2	0.211 9	0.522 4	0.280 0	0.457 6	0.430 5
西部	总体	0.255 6	0.334 9	0.231 7	0.381 3	0.201 9	0.491 9	0.310 8	0.451 8	0.429 2
	城市	0.265 9	0.329 1	0.244 4	0.363 8	0.193 9	0.476 9	0.295 8	0.465 4	0.429 9
	农村	0.249 5	0.350 2	0.285 6	0.425 4	0.181 0	0.533 5	0.283 9	0.412 9	0.427 4
总体		0.269 0	0.413 8	0.308 1	0.446 5	0.193 8	0.679 6	0.229 1	0.350 2	0.472 5

(一)总体性评估

经测算，社区韧性状况的贴近度C_i为0.472 5，处于一般状态，这表明目前我国社区韧性状况仍有待改善。习近平总书记多次提到“中国是个大国，韧性强，潜力大，回旋余地大。”[13]在新冠肺炎疫情暴发初期，在党中央的统一有力领导下，各地社区采取严格的防控措施有效阻隔了疫情扩散传播，全力维护了正常经济社会秩序。在此过程中，精准防控疫情、各社会主体积极参与、创新协同方式、注入科技力量等举措，展现了中国强大的治理“韧性”与创新性。进入疫情常态化防控阶段，极个别社区却因为统筹疫情防控、民生保障与经济社会发展这一工作的复杂性与规避行政问责意识的驱使，选择性淡化统筹疫情防控与管理服务工作的现实需要，用“层层加码”等方式把应负之责、应担之险一推了之。同时，基层社区面临着繁杂的考核体系，严格的防疫举措相较于定期反思学习、调整举措更能产生显性的绩效，也使得社区管理者对于过度防疫更为青睐，未能因时因势灵活调整防控。

(二)分城乡评估

如表5所示，农村社区韧性的贴近度C_i(0.420 9)>城市社区韧性的贴近度C_i(0.415 6)，农村社区韧性状况略好于城市社区韧性状况，其原因在于农业社会空间基本稳定，农村居民有序实现社会实践，为全年农业丰产丰收打下坚实基础。特别是长期以来，农村社区“傍土而生”，有实现生产生活自给自足的兜底能力。城市社区民生物资大多依赖外部供给，本身的资源普遍缺乏，物资储备不足难以满足居民的需求，且协同调配资源的权力有限，过于刚性的防疫举措易导致交通不便、出行困难，劳动者正常就业秩序被打乱，进而导致经济发展受阻、民生保障出现困难。需要注意的是，由于农村社区基础设施薄弱，专业人员缺乏，居民参与治理的综合素质不足，影响了农村社区在应急管理方面的韧性，这也是未来农村社区工作改进的重点。

（三）分区域评估

如表 5 所示，不同地区的社区韧性状况的贴近度 C_i 呈现出西部（0.429 2）＞中部（0.415 0）＞东部（0.413 7），这与不同地区的经济基础、受疫情冲击情况、重视程度等因素密切相关。其中，西部地区因为疫情并未大规模暴发，原本经济基础相对较为薄弱，因此受影响的经济体量较小，但西部地区也面临着医疗资源不够充足、基础设施薄弱、专业人员缺乏等问题。中部地区首先受到疫情冲击，党和国家聚集力量保障中部地区民生，采取有力措施控制疫情，全面加强对一线疫情防控的指导督导，在短时间内控制了疫情、保障了民生，恢复了经济社会秩序。因此，中部地区虽然存在着一定的疫情防控脆弱性问题，但整体效果较好。东部地区人口密度、经济体量较其他两个地区较大，整体经济社会发展受影响程度较大。但东部地区经济基础雄厚，人才资源充足，科技力量较大，社区韧性状况得以不断改善。

（四）分维度评估

据表 5 可知，社区韧性各维度的贴近度 C_i 并不均衡，民生保障（0.679 6）＞经济社会（0.446 5）＞ 应急管理（0.413 8）＞反思学习（0.350 2）。疫情就是命令、防控就是责任，社区高度重视疫情防控工作，投入了大量资源限制流动、排查人员，有效遏制疫情蔓延趋势，疫情防控效果较好。疫情防控既切断了病毒传染渠道，取得了抗疫的决定性胜利，也造成了自然空间的隔离，给经济社会的正常运转带来了负面影响。[14] 由于部分社区在外界资源输入被阻断时，内在的防疫物资储备又缺少规范化的制度安排，从而难以有效链接社区内外资源，进而导致部分社区居民民生物资缺乏、离乡返工过程受到阻碍。此外，社区服务业等产业受到较大冲击，民生保障、经济秩序恢复等工作难以兼顾。由于社区防疫工作面临着内部检查和外部监督的双向制约，社区在上级部门督促要求下进行相关总结与反思。因此，整体来看，社区反思学习效果相对经济社会和民生保障维度较高，但是出现的“一刀切”“层层加码”等现象，表明反思学习维度仍有较大提升空间。

五、结论与反思

基层社区治理体系和治理能力直接关系到国家治理体系与治理能力，社会治理的着力点和关键点在基层社区，痛点和难点也在基层社区。面对高度不确定以及高度复杂的风险社会环境，社区韧性治理强调社区应对突发危机变化的弹性防控，以及在风险的冲击下能恢复原状，并在不断适应风险变化的过程中实现创新。为全面了解我国社区韧性状况，本文在梳理相关研究的基础上，设计出较为合理的韧性社区评估体系，包括民生保障、经济社会、应急管理和反思学习等四个维度，并选取客观赋值且适用性高的熵权 TOPSIS 法对全国 31 个省（区、市）（未含香港、澳门特别行政区和台湾地区）社区韧性状况展开评价和分析。

具体来看，我国社区总体韧性（0.472 5）处于一般状态，在应对重大风险方面发挥着重要作用的同时，社区韧性状况仍有待改善，为推进国家治理体系和治理能力现代化助力。从城乡二维角度看，全国城乡社区韧性整体处于较高水平，农村社区韧性（0.420 9）略高于城市社区韧性（0.415 6），农村社区需要关注反思学习维度韧性，为长久发展注入创新活力。城市社区在民生保障、经济社会等方面韧性比农村社区略低，城市地区生产生活运转复杂，推进经济社会生活平稳运行任重道远。从区域角度来看，中部地区民生保障维度韧性（0.498 3）较好，经济社会维度韧性（0.379 2）相较其他维度较低，社区需要关注经济社会维度发展。西部地区（0.429 2）需提高应急管理能力，完善相应基础设施，吸引专业人才。东部地区（0.413 7）发展基础较好，在风险危机下，需要完善统筹民生保障、经济社会及应急管理工作。从分级四维角度看，民生保障韧性（0.679 6）居于首位，其次是经济社会（0.446 5）、应急管理（0.413 8）和反思学习

(0.350 2),各维度韧性差异较明显。民生保障是社会高质量发展的客观需要,需做好基础的民生保障工作。经济社会稳定,能够为国家长治久安提供发展动力。同时,政府应提高应急管理能力,及时开展反思学习,推进经济社会平稳有序发展。

本文通过熵权 TOPSIS 法对社区韧性状况进行综合评价,样本覆盖相对广泛,并分区、分维、分城乡进行分析、探究,一定程度能够全面多样反映我国社区韧性状况,研究结果能够对其他社区韧性研究具有借鉴意义。但是,本文数据样本量相对较小,研究结果可能与具体实际存在一定偏差,在今后的研究中还需继续优化。

参考文献:

[1] 吴晓林. 建设"韧性社区" 补齐社会治理短板[N]. 光明日报,2020-03-25(2).

[2] 颜德如,张树吉. 基层党组织统筹社区应急治理的组织化整合路径[J]. 探索,2021(1):125-138.

[3] 汪超. 迈向富有韧性的社区治理研究[J]. 城市发展研究,2021,28(12):32-36.

[4] 中共中央政治局召开会议 习近平主持[EB/OL]. (2021-01-28)[2022-02-10]. http://www.gov.cn/xinwen/2021-01/28/content_5583300.htm.

[5] FOLKE C, CARPENTER S R, WALKER B, et al. Resilience thinking: integrating resilience, adaptability and transformability[J]. Ecology and society,2010,15(4):20.

[6] 吴晓林,谢伊云. 基于城市公共安全的韧性社区研究[J]. 天津社会科学,2018(3):87-92.

[7] CUTTER S L, BARNES L, BERRY M, et al. A place-based model for understanding community resilience to natural disasters[J]. Global environmental change,2008,18(4):598-606.

[8] SIMPSON D M. Indicator issues and proposed framework for a disaster preparedness index(DPi), draft report version 1.0[D]. Louisville, Kentucky:Center for Hazards Research and Policy Development, University of Louisville, 2006.

[9] WILSON G A. Community resilience: path dependency, lock-in effects and transitional ruptures[J]. Journal of environmental planning and management,2014,57(1):1-26.

[10] NORRIS F H, STEVENS S P, PFEFFERBAUM B, et al. Community resilience as a metaphor, theory, set of capacities, and strategy for disaster readiness[J]. American journal of community psychology,2008,41(1/2):127-150.

[11] 蓝煜昕,张雪. 社区韧性及其实现路径:基于治理体系现代化的视角[J]. 行政管理改革,2020(7):73-82.

[12] 王冰,张惠,张韦. 社区弹性概念的界定、内涵及测度[J]. 城市问题,2016(6):75-81.

[13] 习近平. 在中央政治局常委会会议研究应对新型冠状病毒肺炎疫情工作时的讲话 [EB/OL]. (2020-02-03)[2022-02-10]. http://www.gov.cn/xinwen/2020-02/15/content_5479271.htm.

[14] 严新明,童星. 社会时空观视角下的疫情防控与经济民生[J]. 社会科学研究,2021(1):47-53.

Comprehensive Evaluation of Community Resilience Based on Entropy Weight TOPSIS Model

Bai Yutong

Abstract: The focus and key points of social governance are in the grassroots community, and the pain points and difficulties are also in the grassroots community. In the face of highly uncertain and highly complex risk social environment, some community emergency management work has exposed the problem of weak community resilience. In order to explore the status of community resilience in China, this paper constructs a localized community resilience evaluation index system from the perspectives of emergency management, economy and society, livelihood security, and reflective learning based on the relevant survey data of 31 provincial administrative regions in China. The Entropy weight TOPSIS method was used to evaluate the resilience of Chinese communities.

Keywords: community resilience; Entropy weight TOPSIS method; comprehensive evaluation

2

应急管理

Emergency Management

应急产业示范基地政策效率及影响因素研究
——基于 DEA-Tobit 模型的实证分析

曹宇晨

摘要:在风险社会的背景下,我国总体更加重视应急管理体系建设。但公共安全事故仍时有发生,事故处置效率不甚理想,暴露出我国应急产业仍存在不足。本文运用 DEA 方法、Malmquist 指数以及 Tobit 回归模型,对我国 25 个应急产业示范基地政策效率及其影响因素进行分析。实证结果表明:我国应急产业示范基地效率水平总体较高且全要素生产效率呈上升趋势,技术效率贡献较大,规模效率仍有优化空间。在影响因素方面,经济开放程度、创新环境和劳动力市场对综合效率有正向影响,而经济发展水平则对综合效率有负面影响。

关键词:应急产业;政策效率;DEA 方法;Malmquist 指数

一、引言

当今世界正处在大发展大变革大调整时期,经济社会高速发展的同时也伴随着许多系统性风险。在全球风险社会的背景下,如何加强应急管理体系和应急能力建设是各国当下发展的重中之重。

自 2003 年非典疫情之后,我国政府在建设以"一案三制"("一案"是指应急预案;"三制"是指应急体制、机制和法制)为核心的综合应急管理体系的基础上,大力发展应急产业,为应急管理提供硬件和技术保障[1]。2014 年发布的《国务院办公厅关于加快应急产业发展的意见》指出,要把应急产业作为国家重点支持的产业。2017 年工业和信息化部(工信部)发布《应急产业培育与发展行动计划(2017—2019)》,同时,在 2015 年到 2020 年,工信部先后公布了三批共 20 个国家级应急产业示范基地。2021 年工信部、国家发展改革委、科技部印发《国家安全应急产业示范基地管理办法(试行)》,指导各地区应急产业示范基地的建设与发展。

由此可以看出,我国正在通过应急产业示范基地的建设来积极推进应急产业的发展,相关政策也正在不断完善和落实。但频发的生产安全事故和新冠肺炎疫情暴发初期面临的各种物资缺陷也确实反映出我国的应急产业还存在着不足。针对应急产业存在的问题,有研究认为,目前应急产业体系尚不健全,政策落实有些滞后[2];也有学者从正式制度和非正式制度两个方面对于应急产业的不足进行分析[3]。但是很少有学者对应急产业相关政策效率进行定量分析和解释。本文尝试使用 DEA 方法和 Malmquist 指数分析应急产业示范基地建设的政策效率,同时引入 Tobit 回归模型对影响应急产业示范基地政策效率的因素进行进一步的分析并针对分析结果提出提高应急产业效率的政策建议。

二、文献综述

应急产业作为应急管理体系中的重要一部分,2014 年《国务院办公厅关于加快应急产业发展的意见》将应急产业定义为:为突发事件预防与应急准备、监测与预警、处置与救援提供专用产品和服务的产

作者简介:曹宇晨(2001—),男,江苏徐州人,中国矿业大学公共管理学院(应急管理学院)本科生,研究方向为行政管理。

业[4]。通过文献回顾发现，当前对于应急产业政策的研究主要集中于对政策文本的定性研究。例如，唐林霞等通过分析应急产业发展动力机制，从诱导性政策、管制性政策和指导性政策三个方面提出推动应急产业发展的政策支持体系[5]。刘艺等基于日本等国的经验提出了从应急产业法律法规体系入手，构建多层面的应急产业管理体系[6]。杨良初从支持应急产业发展的财政政策方面提供了财政赋能应急产业的路径[7]。同时，也有少部分学者采取定量方式研究应急产业发展。例如，王郅强等基于 QFD 工具对广东省应急产业政策的有效性进行评价测量[8]。叶先宝等在 SWOT 分析的基础上，结合层次分析法(AHP)对影响福建省应急产业战略的各因素进行了定量分析，以探析其发展战略的选择路径[9]。

政策效率是政策收益与政策投入之比[10]。从现有文献来看，对于政策效率的研究，大多数学者采用数据包络分析(DEA)方法和随机前沿生产函数模型(SFA)进行研究[11]。温涛等运用 DEA 方法对财政支农政策促进城乡经济一体化发展进行效率评价[12]。程翔等运用灰色关联度方法分析京津冀科技金融政策与科技产出之间的关系进而进行科技金融政策的效率评价[13]。

综上所述，现有研究成果从多个维度对应急产业政策和科技政策效率等领域展开了研究，取得了较为丰富的研究成果。但很少有学者对应急产业政策效率进行定量测算的研究。为此，本文基于 DEA-Tobit模型对应急产业示范基地的政策效率进行分析。

三、研究设计

（一）研究方法

1. DEA 方法

数据包络分析(Data Envelopment Analysis，DEA)是一种用于衡量一组具有多个输入和输出决策单元(DMU)的相对效率的方法，最早是由 Charnes 等[14]提出的经典 CCR 模型。DEA 假定 DMU 通过一种技术运作，其中有效生产的特点是规模收益不变(CRS)。DEA 模型的延伸是由 Banker 等[15]提出的 BCC 模型，DEA 假设有效生产是由规模可变收益(VRS)构成的。它的目的是考虑规模和技术效率。因而本文选取投入导向下的 BCC 模型：

$$\min\left[\theta-\varepsilon\left(\sum_{i=1}^{m}s_i^-+\sum_{r=1}^{s}s_r^+\right)\right]$$

$$s.t.\begin{cases}\sum_{j=1}^{n}\lambda_j x_{ij}+s_i^-=\theta x_{ik},i=1,\cdots,m\\\sum_{j=1}^{n}\lambda_j y_{rj}-s_r^+=y_{rk},r=1,\cdots,s\\\sum_{j=1}^{n}\lambda_j=1\\\lambda_j,s_i^-,s_r^+\geqslant 0,j=1,\cdots,n\end{cases}\tag{1}$$

其中，ε 是非阿基米德小数，小于 0 且大于任意正数。x 和 y 分别代表决策单元的输入向量和输出向量；λ 为输入和输出向量的权重；i、r 和 j 分别代表输入变量、输出变量和决策单元的个数；S_i^- 是第 i 个输入的松弛变量，S_i^+ 是第 r 个输出的松弛变量。得出效率的最大值均为 1，若效率值等于 1，说明决策单元处于 DEA 有效状态；若效率值小于 1，说明决策单元在该组合下处于 DEA 无效状态，即没有达到最优配置状态。

2. Malmquist 指数

Rolf Fare 于 1994 年在非参数线性规划法的基础上提出了 Malmquist 指数法。Malmquist 指数法通过衡量全要素生产率(TFP)指标来研究技术进步指标。同时，全要素生产率指数首次有效分解为基于距离函数的技术效率指数和技术变革指数：

$$M(x^t y^t x^{t+1} y^{t+1}) = (M^t \times M^{t+1})^{\frac{1}{2}} = \left[\frac{D^t(x^{t+1} \cdot y^{t+1})}{D^T(x^t y^t)} \times \frac{D^{t+1}(x^{t+1} y^{t+1})}{D^{t+1}(x^t y^t)}\right]^{\frac{1}{2}} \tag{2}$$

其中,M 代表 Malmquist 指数,D 代表距离函数,x 代表投入量,y 代表产出量,t 代表时间,D^t 代表 D 的 t 期。

在规模报酬不变的条件下,TFP 可以分解为两个部分,即技术进步指数(TC)和综合技术效率变化指数(TEC)。同时,综合技术效率变化指数(TEC)也可以分为纯技术效率变化指数(PTEC)和规模效率变化指数(SEC),分解的表述如下:

$$\begin{aligned} M(x^t y^t x^{t+1} y^{t+1}) &= TC \times TEC \\ &= TC \times PTEC \times SEC \\ &= \left[\frac{D^t(x^t y^t)}{D_C^{t+1}(x^t y^t)} \times \frac{D_C^t(x^{t+1} y^{t+1})}{D_C^{t+1}(x^{t+1} y^{t+1})}\right]^{\frac{1}{2}} \times \frac{D_V^{t+1}(x^{t+1} y^{t+1})}{D_V^t(x^t y^t)} \times \frac{D_C^{t+1}(x^{t+1} y^{t+1})/D_V^{t+1}(x^{t+1} y^{t+1})}{D_C^t(x^t y^t)/D_V^t(x^t y^t)} \end{aligned} \tag{3}$$

其中,(x^t, y^t)和(x^{t+1}, y^{t+1})分别表示 t 和 $t+1$ 时期的投入产出向量,D_C 和 D_V 分别代表两种生产可能的距离函数。如果 TFP 指数>1,表明效率提高;反之,如果 TFP 指数<1,则表明效率降低。

3. Tobit 回归模型

由于使用 DEA 得出的效率值在 0 到 1 的范围内,具有截断特征,故使用传统回归(例如普通最小二乘法)无法得出一致的估计量。为了解决这个问题,本文选择使用 Tobit 回归模型[18],该模型基于最大似然函数来产生更好的一致性参数。Y_i 表示如下:

$$Y_i = \begin{cases} Y_i^* = \beta_0 + \beta_i z_i + \varepsilon_i & Y_i^* > 0 \\ 0 & Y_i^* \leqslant 0 \end{cases} \tag{4}$$

其中,Y_i 是 DEA 测量中截断的效率因变量,z_i 是反映效率影响因素的解释变量,β_0 是常数,β_i 是反映解释变量 z_i 和潜变量 Y_i 之间关系的随机变量,ε_i 是服从正态分布的随机误差项。

(二) 指标体系与数据来源

对于产业政策效率测算,学术界多从创新维度和投入产出维度等来选取指标设计政策效率评价体系[16]。对于应急产业示范基地政策效率的测算则首先要从其政策作用机理入手分析。应急产业示范基地建设的政策目标是通过创建应急产业示范基地来达到应急产业集聚发展,提高产业效率[17]。应急产业示范基地主要政策重心在招商引资、吸引人才、发展技术等方面,其具体作用机理见图 1。

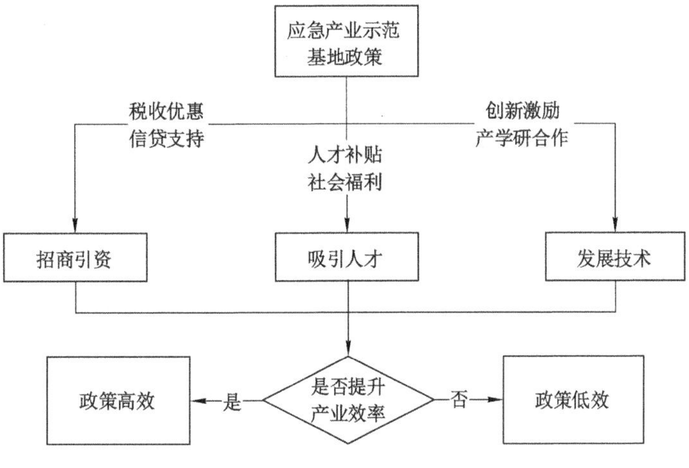

图 1　应急产业示范基地政策作用机理

一方面,地方政府根据各种产业链发展的要求,制定合理的税收优惠政策,通过减税降费、出口退税、简化办税流程等方面为招商引资提供便利。同时,应急产业的技术研发普遍存在研发周期长、投入资金大的问题。许多中小企业的资金链无法承担资金与时间的双重风险，导致企业不得不向银行等金融机构申请信贷，以获取研发的资金支持[18]。因而，政府可以联合通过贷款贴息或推出适应应急产业发展的金融制度和金融产品，助推应急产业相关企业解决资金问题。

另一方面，充足的人才是产业发展的活力源泉，政府通过出台人才评级分类、收入待遇、职称评审、住房补贴、子女教育等多方面福利性政策，从制度层面为引进人才全方位保驾护航，并确保这些制度可以严格落实而不是流于形式。

技术发展也是应急产业的立身之本，推进产学研合作是推进技术发展的重要一环。徐州国家安全科技产业园作为产学研合作的典型范例，其依托徐州高新区装备制造产业基础以及中国矿业大学和中国安全生产科学研究院的科研优势，全力推进安全科技协同创新，同时也促进创新成果市场转化[19]，有效推进了该基地在矿山安全方面的特色技术发展。

应急产业示范基地政策在以上三个方面对企业形成影响，其政策结果应与目标相对应，即若应急产业生产率得到提高，该政策即为有效，并根据产业生产效率的变化幅度可以判断出不同地区应急产业示范政策效率的大小差异。

根据以上作用机理结合柯布-道格拉斯生产函数，可以把应急产业示范基地政策投入指标主要分为资本投入、技术投入和劳动力投入，本文选取工商注册企业数、科研活动经费支出、从事科研与试验发展活动的人员投入和年末从业人员作为具体投入指标。在产出指标方面，本文在技术产出和经济产出两个方面分别选取了技术收入和净利润两个指标作为产出。应急产业示范基地政策投入产出指标见表1。

表1　应急产业示范基地政策投入产出指标

指标分类	指标要素	具体指标
投入指标	资本投入	工商注册企业数
	技术投入	科研活动经费支出
		从事科研与试验发展活动的人员投入
	劳动力投入	年末从业人员
产出指标	技术产出	技术收入
	经济产出	净利润

从2015年起，我国陆续建设了20个国家应急产业示范基地，加上之前建设的11个国家安全产业示范园区，截至2021年我国共有国家应急产业示范基地（含园区）31个。本文去除重复及数据缺失地区，选取其中25个应急产业示范基地（含园区），根据《中国火炬统计年鉴》2016—2021年的面板数据进行分析。

四、应急产业示范基地政策效率测算

（一）DEA模型的静态分析

本文选择VRS-BCC模型，采用DEAP2.1软件对2016—2021年期间我国25个应急产业示范基地的投入产出指标进行政策效率分析，得到应急产业示范基地的综合效率、纯技术效率和规模效率在6年中的平均值，结果见表2。

表2　2016—2021年应急产业示范基地静态效率平均值

示范基地	综合效率	纯技术效率	规模效率
北京中关村	1.000	1.000	1.000
唐山	0.332	1.000	0.332

表 2(续)

示范基地	综合效率	纯技术效率	规模效率
包头	0.337	0.397	0.850
营口	0.526	0.909	0.578
长春	1.000	1.000	1.000
徐州	0.573	0.684	0.837
常州	0.749	0.751	0.997
南通	1.000	1.000	1.000
温州	0.522	0.565	0.923
衢州	0.419	0.598	0.701
合肥	0.904	0.914	0.990
龙岩	0.832	1.000	0.832
烟台	0.349	0.503	0.695
济宁	0.514	0.565	0.909
随州	0.459	0.770	0.596
长沙	0.729	0.772	0.945
株洲	0.284	0.307	0.923
深圳	1.000	1.000	1.000
佛山	0.485	0.519	0.935
肇庆	0.339	0.580	0.585
重庆	0.608	0.615	0.988
德阳	0.401	1.000	0.401
贵阳	1.000	1.000	1.000
西安	0.752	0.761	0.987
新疆生产建设兵团	1.000	1.000	1.000
平均值	0.645	0.768	0.840

1. 综合效率分析

从综合效率指数来看,应急产业示范基地政策效率在2016—2021年均未达到DEA有效,综合效率平均值为0.645。从区域角度来看,不同区域应急产业示范基地效率还存在一定差异,其中有6个应急产业示范基地达到了生产前沿面,占比24%,表明这些地区的应急产业实现了最优配置,政策投入结构合理,投入产出也达到了最优。处于后三位的应急产业示范基地是株洲、唐山和包头,远低于所有应急产业示范基地的平均水平,这三个地区政府还需要进一步加强应急产业示范基地相关政策的顶层设计以及制定合理的补助制度。

2. 纯技术效率分析

应急产业示范基地的纯技术指数指的是应急产业的科学技术水平、创新能力和产业基地的管理水平,2016—2021年有9个基地的平均值达到了技术效率有效,占比36%,表明这些地区应急产业技术含量较高,并且政府对于应急产业示范基地建设进行了有效管理。处于后三位的应急产业示范基地是株洲、包头和烟台,这三个地区需要引进更为先进的技术和管理经验以提升其应急产业示范基地的技术效率。

3. 规模效率分析

从规模效率来看,2016—2021年有6个地区的平均值达到了规模效率有效,占比24%,表明这些地区的应急产业达到了最佳规模。处于后三位的应急产业示范基地是唐山、德阳和营口,这三个地区需要适当扩大应急产业的规模形成规模效应，或减少过度集中的产业布局避免无效竞争和资源浪费，以达到规模效率的优化。

4. 差异分析

为了进一步对比各应急产业示范基地纯技术效率值和规模效率值的差异情况，本文绘制了各基地纯技术效率和规模效率雷达图，见图 2。由图 2 可知，唐山、株洲、德阳的纯技术效率和规模效率值的差异较大，说明这三个基地应急产业的纯技术效率和规模效率发展不平衡；同时，25 个地区中仅有营口、唐山、德阳、随州、龙岩等 5 个地区的纯技术效率显著高于规模效率，剩余地区的应急产业都是规模效率显著高于纯技术效率，这表明对于大部分地区来说，技术和管理是制约应急产业政策效率更重要的因素。

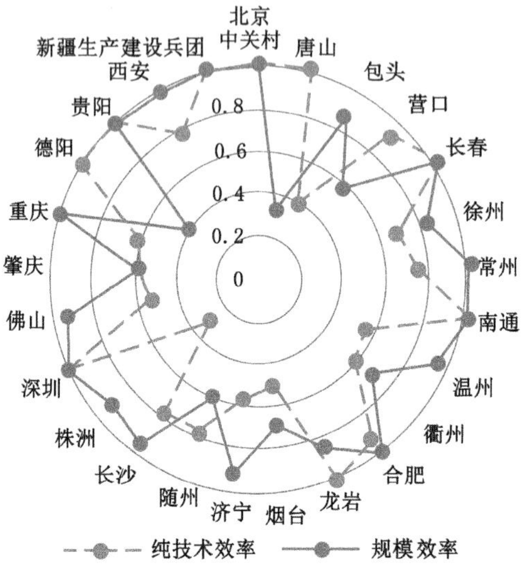

图 2 各应急产业示范基地纯技术效率和规模效率雷达图

（二）Malmquist 指数的动态分析

本文运用 DEAP2.1 软件对 2016—2021 年我国 25 个应急产业示范基地的数据进行分析，得出表 3，进而考察应急产业示范基地 Malmquist 指数的变化趋势及异质性。

表 3 2016—2021 年应急产业示范基地政策效率 Malmquist 指数分析

示范基地	综合效率变化	技术进步	纯技术效率变化	规模效率变化	全要素生产率变化
北京中关村	1.000	0.991	1.000	1.000	0.991
唐山	1.000	1.413	1.000	1.000	1.413
包头	0.881	1.310	0.881	1.000	1.155
营口	1.128	1.647	1.128	1.000	1.857
长春	0.990	1.120	0.990	1.000	1.109
徐州	1.076	1.636	1.076	1.000	1.760
常州	1.107	1.088	1.107	1.000	1.204
南通	0.938	1.129	0.938	1.000	1.058
温州	1.183	1.414	1.183	1.000	1.673
衢州	0.978	1.721	0.978	1.000	1.682
合肥	1.023	1.029	1.023	1.000	1.053
龙岩	0.921	1.622	0.921	1.000	1.495

表 3(续)

示范基地	综合效率变化	技术进步	纯技术效率变化	规模效率变化	全要素生产率变化
烟台	0.973	1.366	0.973	1.000	1.329
济宁	0.875	1.544	0.875	1.000	1.351
随州	1.090	1.539	1.090	1.000	1.677
长沙	1.110	1.023	1.105	1.005	1.135
株洲	1.144	1.346	1.144	1.000	1.541
深圳	1.000	1.083	1.000	1.000	1.083
佛山	1.267	1.002	1.267	1.000	1.269
肇庆	0.917	1.716	0.917	1.000	1.573
重庆	0.998	1.080	0.998	1.000	1.078
德阳	1.000	1.629	1.000	1.000	1.629
贵阳	0.948	1.067	0.948	1.000	1.012
西安	0.937	0.986	0.939	0.997	0.923
新疆生产建设兵团	1.000	1.681	1.000	1.000	1.681
平均值	1.015	1.301	1.015	1.000	1.320

1. 总体分析

2016—2021 年我国应急产业示范基地政策效率变化指数均值为 1.320，总体呈上升趋势，说明我国绝大部分地区应急产业示范基地政策效率在不断提升，发展态势良好。分解来看，综合效率均值上升 1.5%，纯技术效率均值上升 1.5%，规模效率均值保持不变。这说明应急产业示范基地的管理水平及技术进步对综合效率的提高起主要作用，而规模效率的驱动作用并不明显，反映了我国应急产业技术及管理水平不断提高，但是由于地区分布不均无法产生综合规模效应，所以通过提高应急产业资源的规模来实现应急产业的有效配置还有较大空间。

2. 区域效率差异对比

基于 DEA-Malmquist 模型分析结果，利用 2016—2021 年各省份的全要素生产率变化指数值，运用 ArcGIS9.3 软件对其进行空间分析，Malmquist 变动指数较高的地区主要分布在东南部沿海地区，而在北方地区主要集中在环渤海地区。变动指数较高的基地为营口、衢州、随州等地区，主要为经济基础较为薄弱的地区，由于应急产业相关政策扶持而得到了后发优势，通过技术提升和规模增加导致全要素生产率提升较快；而排名靠后的基地主要有北京中关村、深圳、合肥、南通等地区，普遍为经济发达、工业基础雄厚的地区。虽然这些地区经济发展程度高，产业技术先进，规模较大，但是对应急产业效率的提高重视不足，TFP 提升并不明显，甚至有些地区出现了全要素生产率下降的趋势。以上趋势反映出应急产业发展情况地区分布差异明显，在应急产业相关政策的制定和推行方面，不同地区应因地制宜采取合适的激励方案。

五、应急产业示范基地生产效率的影响因素

通过计算 2016—2021 年各个应急产业示范基地的政策效率发现，不同地区之间应急产业政策效率存在显著差异。于是，本文将进一步分析造成这些显著差异的原因。结合上文的分析以及对已有文献的梳理，本文以各个应急产业示范基地的综合效率作为因变量，选取了四个方面的指标作为自变量进行面板数据的 Tobit 回归分析。应急产业示范基地政策效率影响因素指标见表 4。

表 4　应急产业示范基地政策效率影响因素指标

影响因素	具体指标
经济发展水平(*ED*)	工业总产值
经济开放程度(*EO*)	出口总额占比
创新环境(*CE*)	高新技术企业占比
劳动力市场(*LM*)	大专以上从业人口

基于式(4)和上文所述，本文构建了以下回归模型：

$$Y_i = \beta_0 + \beta_1 ED_i + \beta_2 EO_i + \beta_3 CE_i + \beta_4 LM_i + \mu \tag{5}$$

其中，β_0 为常数项；β_1、β_2、β_3、β_4 为 4 个自变量的回归系数；i 表示时期；μ 表示误差项；Y_i 表示因变量即应急产业政策的综合效率；ED_i 表示该应急产业示范基地第 i 期的经济发展水平；EO_i 表示第 i 期的经济开放程度；CE_i 表示第 i 期的创新环境；LM_i 表示第 i 期的劳动力市场。

对上述模型进行回归，可得出应急产业示范基地政策效率影响因素回归结果，见表 5。

表 5　应急产业示范基地政策效率影响因素回归结果

解释变量	回归系数	标准误差	z 值	p 值
经济发展水平(*ED*)	−0.460	0.254 768	−2.720	0.006***
经济开放程度(*EO*)	0.020	0.200 234	2.631	0.002***
创新环境(*CE*)	0.490	0.159 397	3.070	0.007***
劳动力市场(*LM*)	0.459	0.193 686	2.370	0.018**

注：* 表示结果在 10% 的水平上显著，** 表示结果在 5% 的水平上显著，*** 表示结果在 1% 的水平上显著。

(1) 经济发展水平的回归系数为−0.460，在 1%的水平上显著，说明应急产业示范基地的政策效率与所在地经济发展水平呈负相关。经济越发达的地方，产业结构越多样化，该产业园往往在成为应急产业示范基地之前就已经有了完整的产业布局和支柱产业，因而政策并不能向应急产业过多倾斜，导致了应急产业发展得不到有力的政策支持，没有了一系列配套政策，单方面的支持性政策对于应急产业发展的助力并不明显。

(2) 经济开放程度的回归系数为 0.020，在 1%水平上显著，说明经济开放程度增加会在一定程度上提高应急产业政策效率，但是影响程度并不大。经济开放程度反映出市场活力，应急需求大能够推动应急产业更高效发展。发达国家均有完整的应急产业体系，我国应急产业具有成本或规模等优势可为世界提供应急产品，且可以借鉴和学习他国经验。

(3) 创新环境的回归系数为 0.490，在 1%的水平上显著，说明应急产业示范基地的良好创新氛围对于提升应急产业示范基地的政策效率有着明显的正向作用。创新环境、信息水平影响研发投入进而影响产业绩效，良好的创新环境能够使创新投入发挥更大的作用[20]。与此同时，良好的创新环境也可以促进企业之间的人才与技术交流，有助于提高应急产业相关企业的生产效率。

(4) 劳动力市场的回归系数为 0.459，在 5%的水平上显著，说明劳动力市场与应急产业示范基地政策效率呈正相关。值得关注的是本文所用的劳动力市场衡量标准为大专以上从业人口数量，即覆盖了劳动力数量和质量两个维度。因而可以发现应急产业需要大规模高素质的劳动力人口，因而加大劳动力市场供给的质量和数量对于应急产业示范基地的发展有着显著的提升效果。

六、结论及建议

（一）结论

本文基于 DEA-Tobit 模型对我国 25 个应急产业示范基地政策效率及影响因素进行了实证研究。首先，利用 DEA-BCC 模型对应急产业示范基地静态效率进行评价，考察应急产业示范基地的综合效率水平；其次，运用 Malmquist 指数模型，分析 2016—2021 年间应急产业示范基地动态政策效率，考察应急产业示范基地效率的改进情况；最后，采取了 Tobit 回归模型，对应急产业示范基地综合效率进行了回归分析，考察影响应急产业示范基地政策效率的因素。

综合以上研究，本文得出以下三点结论。

(1) 2016—2021 年应急产业示范基地快速发展，大部分基地的政策效率都有明显的增长，但地区差异较大。高效率应急产业示范基地主要分布在东南沿海和环渤海一带。

(2) 导致综合效率提升的主要原因是技术效率的提升，并且纯技术效率提升空间仍然较大。而规模效率虽然处于较高位置，但在这个时期内提升并不明显，因而通过扩大规模并不能很好地提高应急产业示范基地的效率。

(3) 经济开放程度、创新环境和劳动力市场对综合效率有正向影响，而经济发展水平对综合效率有负面影响。

（二）建议

根据以上研究结论，本文对于提高应急产业示范基地政策效率，给出以下三点建议。

(1) 在应急产业示范基地总体配置上，国家应考虑产业集群与地区分布均衡。应急产业发展较好的地区应起到示范和辐射作用，通过产业链分工等方式带动周围应急产业示范基地更高效发展。与此同时，在工业基础较为落后的地区，在国家政策的指引下，应急产业可以发展成为该地区的特色产业以带动当地经济发展。

(2) 为了提高应急产业综合效率，各个应急产业示范基地应注重资源配置模式。基地应根据实际情况，适当调整技术、管理和规模投入的资源比重，使两者都保持在较高水平。分情况适当增加技术创新资金，学习引进先进技术或是根据当前的市场情况和以往的资金投入，寻找最合适的规模，使应急产业效率稳步提升。

(3) 应急管理对专业技术装备要求较高，我国许多关键技术产品依赖进口，支撑应急产业发展的关键性核心技术亟待突破，致使应急产业发展遭遇瓶颈[21]。因而我国应该着力增加应急产业示范基地的技术水平和创新能力。一方面，要加强科研投入，鼓励应急产业相关企业与高校、科研院所合作研发项目；另一方面，要加强人才引进，通过优惠补贴政策、良好的科研环境吸引优秀人才加入，形成创新良性循环。

参考文献：

[1] 钟宗炬，吴晓倩，张海波. 产业政策如何驱动中国应急产业发展?：基于应急产业政策的文本分析[J]. 北京行政学院学报，2019(3)：43-52.

[2] 王国言，范东. 警惕全球疫情的尾部风险：新兴市场动荡对全球金融经济的影响[J]. 清华金融评论，2020(8)：49-51.

[3] 浦天龙，良警宇. 我国应急产业发展的制度构建[J]. 甘肃社会科学，2021(5)：198-204.

[4] 潘肇新，徐鲲. 基于灰色关联度分析的创新创业政策效率研究[J]. 科技创业月刊，2021，34(1)：13-17.

[5] 唐林霞，邹积亮. 应急产业发展的动力机制及政策激励分析[J]. 中国行政管理，2010(3)：80-83.

[6] 刘艺，李从东. 应急产业管理体系构建与完善：国际经验及启示[J]. 改革，2012(6)：32-36.

[7] 杨良初. 支持我国应急产业发展的财政政策若干思考[J]. 产业经济评论，2020(3)：5-14.

[8] 王郅强，申婷. 产业政策对应急产业发展是否有效：基于 QFD 工具对广东省的评价与分析[J]. 长白学刊，2019(4)：56-64.

[9] 叶先宝，蔡秋蓉. 基于 SWOT-AHP 的应急产业发展战略探析[J]. 发展研究，2018(10)：88-95.

[10] 严强. 公共政策学[M]. 北京：社会科学文献出版社，2008.

[11] 潘肇新，徐鲲. 基于灰色关联度分析的创新创业政策效率研究[J]. 科技创业月刊，2021，34(1)：13-17.

[12] 温涛，董文杰，何茜. 财政支农政策促进城乡经济一体化发展的效率评价与路径探析[J]. 当代经济研究，2018(2)：63-72，97.

[13] 程翔，鲍新中. 科技金融政策效率研究：以京津冀地区为例[J]. 北京联合大学学报(人文社会科学版)，2018，16(3)：116-124.

[14] CHARNES A，COOPER W W，RHODES E. Measuring the efficiency of decision making units[J]. European journal of operational research，1978，2(6)：429-444.

[15] BANKER R D，CHARNES A，COOPER W W. Some models for estimating technical and scale inefficiencies in data envelopment analysis[J]. Management science，1984，30(9)：1078-1092.

[16] 李庆雪，綦良群，于金闯. 装备制造业服务化科技政策效率及其影响因素研究：基于 DEA-Tobit 的实证分析[J]. 商业研究，2020(7)：46-53.

[17] 刘文婷.《创建指南》将规范安全产业示范园区发展[J]. 劳动保护，2019(1)：43-45.

[18] 中国人民银行保山市中心支行课题组. 保山市金融支持工业产业园中园建设路径研究[J]. 时代金融，2018(11)：61-63.

[19] 李腾. 徐州国家安全科技产业园建设中的政府引导作用研究[D]. 武汉：华中科技大学，2017.

[20] 张涵，杨晓昕. 创新环境约束下高技术产业区域创新效率及收敛性研究[J]. 科技进步与对策，2018，35(3)：43-51.

[21] 丛晓男，季俊宇. 我国应急产业发展回顾及"十四五"时期高质量发展路径思考[J]. 中国应急管理科学，2020(10)：74-84.

Study on Policy Efficiency and Influencing Factors of Emergency Industry Demonstration Base: Empirical Analysis Based on DEA-Tobit Model

Cao Yuchen

Abstract: Under the background of risk society, China attaches more importance to the construction of emergency management system. However, public safety accidents still occur from time to time, and the efficiency of accident disposal is not ideal, which exposes the shortcomings of China's emergency industry. In this paper, DEA method, Malmquist index and Tobit regression model are used to analyze the policy efficiency and influencing factors of 25 emergency response industry demonstration bases in China. The empirical results show that the efficiency level of China's emergency industry demonstration base is generally high and the total factor production efficiency is on the rise. The technical efficiency contributes a lot, and the scale efficiency still has room for optimization. In terms of influencing factors, degree of economic openness, innovation environment and labor market have a positive impact on comprehensive efficiency, while economic development level has a negative impact on comprehensive efficiency.

Keywords: emergency industry; policy efficiency; DEA method; Malmquist index

应急产业政策注意力与产业发展阻滞因素的偏差研究

杨　超，贾　伟，陈美琦

摘要：应急产业的夹杂性、潜伏性和防患性特征决定了其发展的客观困境，针对国家出台的大量扶持政策应急产业是否切实做出回应值得探讨。本文以注意力理论为视角，采用扎根理论提出企业端对应急产业的阻滞因素模型，借助政策工具分类，将其与政府端应急产业政策文本所展现的注意力进行比较，捕捉现阶段应急产业政策注意力的配置偏差。研究指出，政策注意力配置在一定程度上回应了阻滞因素模型，但二者匹配度不佳。本文的研究加深了对政策注意力配置和应急产业阻滞因素的理解。

关键词：应急产业；政策注意力；阻滞因素；扎根理论；政策工具

一、引言

应急产业位于“统筹发展和安全”的接合部，是贯彻“总体国家安全观”和建设“强富美高新江苏”的重要保障，是应对突发性公共卫生事件、安全事故最强大的后盾，更是具有重要国家影响力的新兴产业和经济的潜在新增长点。发达国家应急产业发展早，法律法规较为健全，安全管理制度较为完善，产业水平总体领先。我国自 2009 年、2015 年和 2021 年，分三批建设了 31 个散布于全国主要省市的国家应急产业示范产业园区，尤以江苏、广东发展最为密集。

应急产业的发展，在客观上与重特大事故、灾难的发生密切相关；在主观上与主动的公共安全管理紧密相连。应急产业对应急管理和产业政策的依赖性较高。近年来，国务院及其部委出台了多项应急产业政策，形成了覆盖供给面、环境面和需求面的政策工具分布[1][2]。但“这些政策工具是否满足了应急产品生产企业的政策需求？政策工具与应急企业发展的阻滞因素匹配效果如何”的问题尚未解答。为了回答上述问题，本文在引入政策注意力视角的基础上，对应急产业政策注意力与产业发展阻滞因素的回应水平开展深入研究，为完善政策回应能力和消解应急产业发展困境提供决策依据。

二、研究方法与资料来源

（一）研究方法

本文主要采用了扎根理论和政策文本分析两种研究方法。

首先，在应急产品生产企业开展深入访谈以及根据企业提供的相关资料获取质性分析数据，再采用扎根理论，提取应急产业发展阻滞因素模型。选择扎根理论的原因在于：访谈实录文本资料数据量庞大琐碎，缺乏层次感且带有模糊性，而扎根理论的优势正是能够对庞大的资料系统自下而上建立理论，厘清概念之间的从属关系，促进研究发现的系统化。

基金项目：江苏省博士后科研资助项目“江苏应急产业生态系统的政策衔接机制研究”（2020Z096）。

作者简介：杨超（1988—），男，安徽宣城人，管理学博士，中国矿业大学公共管理学院讲师，硕士生导师，研究方向为应急科技治理；贾伟（1996—），男，甘肃天水人，中国矿业大学公共管理学院（应急管理学院）硕士研究生，研究方向为应急科技治理；陈美琦（1995—），女，重庆垫江人，中国矿业大学公共管理学院（应急管理学院）硕士研究生，研究方向为应急科技治理。

其次，本文选用政策工具分类法开展政策文本分析，将政策工具分为供给面、环境面、需求面三类。国内学者早在 2001 年就有运用该分类方式进行软件产业政策工具适用性的研究，而后该工具的外延不断得到拓展，例如加入人力资源培养[3][4]、信息共享服务[5]、信息支持、科技支持、财政支持[6]等。参考上述拓展及产业实际，将公共服务、科技支持、教育培训、财政支持归类为供给面政策工具，将目标规划、金融支持、税收优惠、信息支持、知识产权保护、法规管制纳入环境面政策工具，将政府采购、消费端补贴、服务外包、海外贸易归入需求面政策工具，并据此分类对政策文本进行编码，得出当前应急产业政策注意力配置的情况。

最后，通过对比分析将企业对应急产业发展阻滞因素的注意力与产业政策注意力配置的情况进行对比，发现当前应急产业政策配置偏差，并提出优化建议。

（二）资料来源

如上所述，为提炼应急产业发展的阻滞因素，本文选取涵盖应急产业上下游产业链的 10 家企业高管进行深入访谈（受访企业基本情况见表 1）。所有访谈时长均控制在 30～60 分钟，并在征得同意的情况下进行录音；将录音文件转录为文字，共得到 10 份原始资料，从中随机选取 6 份原始资料进行编码分析，并在剩余资料中随机选取 3 份进行理论饱和度检验。

表 1　受访企业基本情况

城市	企业名称	主要领域	职务	性别	编码
徐州市	Q 电子科技有限公司	阻燃传感	总经理	男	A1
	J 科技有限公司	矿山救援装备	总经理	男	A2
	L 智能科技有限公司	救援机器人	副总经理	男	A3
镇江市	D 铝业股份有限公司	应急智能新材料	总经理	男	A4
	K 医疗器械有限公司	应急医药传感器械	总经理	男	A5
	S 医药玻璃有限公司	医药玻璃	副总经理	女	A6
	Q 科技有限公司	汽车阻燃	副总经理	男	A7
泰州市	S 科技发展有限公司	消防无人机	副总经理	男	A8
	K 特种纺纤有限公司	消防服阻燃制品	总经理	男	A9
	S 集团有限公司	应急救援电池	总经理	男	A10

此外，为探索现有应急产业政策注意力配置的情况，本文以政府官网及“北大法宝”数据库为检索对象，以“应急产业”“应急产品”及“应急”等为检索词，剔除其中已经失效的文件，共收集到政策文件 25 份。国家层面应急产业政策梳理见表 2。

表 2　国家层面应急产业政策梳理

序号	政策文件名称	发文单位	发文年份
1	《关于全面加强应急管理工作的意见》	国务院	2006
2	《关于印发加强工业应急管理工作指导意见的通知》	工信部	2009
3	《关于组织开展 2011 年度“国家新型工业化产业示范基地”创建工作的通知》	工信部	2011
4	《关于印发〈突发事件工业产品保障应急预案〉的通知》	工信部	2012
5	《关于印发〈2012 年工业应急管理工作要点〉的通知》	工信部	2012
6	《关于征集应急产品和技术的通知》	工信部	2012
7	《关于组织开展 2014 年度“国家新型工业化产业示范基地”创建工作的通知》	工信部	2014

表 2(续)

序号	政策文件名称	发文单位	发文年份
8	《关于加快应急产业发展的意见》	国务院	2014
9	《关于召开 2015 年应急产业发展大会的通知》	工信部	2015
10	《关于公布首批国家应急产业示范基地名单的通知》	工信部、发改委、科技部	2015
11	《关于贯彻落实党的十八届五中全会精神 深入实施创新驱动发展战略的意见》	科技部	2016
12	《关于建立应急产业重点企业联系制度的通知》	工信部	2016
13	《关于推进安全生产领域改革发展的意见》	中共中央、国务院	2016
14	《关于开展第二批国家应急产业示范基地申报工作的通知》	工信部、发改委、科技部	2016
15	《关于印发国家突发事件应急体系建设“十三五”规划的通知》	国务院	2017
16	《关于印发〈应急产业培育与发展行动计划(2017—2019 年)〉的通知》	工信部	2017
17	《关于印发国家技术转移体系建设方案的通知》	国务院	2017
18	《关于公布第二批国家应急产业示范基地名单的通知》	工信部、发改委、科技部	2017
19	《关于公布首批国家应急产业重点联系企业名单的通知》	工信部	2018
20	《关于组织开展第三批国家应急产业示范基地申报工作的通知》	工信部、发改委、科技部	2019
21	《关于公布第三批国家应急产业示范基地名单的通知》	工信部、发改委、科技部	2019
22	《关于进一步加强工业行业安全生产管理的指导意见》	工信部	2020
23	《关于组织开展 2021 年安全应急装备应用试点示范工程申报的通知》	工信部、发改委、科技部、应急部	2021
24	《关于印发〈国家安全应急产业示范基地管理办法(试行)〉的通知》	工信部、发改委、科技部	2021
25	《关于组织开展 2021 年度国家安全应急产业示范基地申报和评估工作的通知》	工信部、发改委、科技部	2021

三、范畴提炼与模型构建

(一)开放式编码

开放式编码是对原始资料进行归纳,以实现原始资料概念化及范畴化的过程。在开放式编码的过程中,一共得到 174 条初始概念及 222 条原始语句,由于原始资料仍存在不少无关或相互重复的内容,对其进行筛选和剔除后,最终获得 46 条初始概念及 92 条原始语句。并在进一步整理及归纳后,确定了 16 个初始范畴。开放式编码结果(部分)见表 3。

表 3 开放式编码结果(部分)

范畴化	原始语句节选(概念化)
信息传播	A3:打火机中心温度 700~800 度,可能很多人都不知道(应急科普不佳) A1:产业园的特色不够鲜明(特色不鲜明)
监管执行	A1:省内化工企业的好多传感器都是我们提供的,但有些怕影响生产而不用(应付心态)
……	

(二)主轴式编码

主轴式编码是在开放式编码的基础上发现并提取主范畴的过程[7]。故在对 16 个初始范畴进一步归纳的基础上,最终敲定安全意识、人才质量、物料供应、产业规划、政策沟通、产品供需、合作意愿等 7 个主范畴。主轴式编码结果见表 4。

表 4 主轴式编码结果

主范畴	副范畴	开放式编码结果
安全意识	信息传播	应急科普不佳、特色不鲜明
	监管执行	应付心态
人才质量	人员跳槽	过度自主择业、择业观浮躁、返乡意愿低
	人才适配	企业竞争、高层次人才欠缺、对口专业小众、人才地域结构、校招不佳
	人才流动	视为过度、区位限制、迁移乏力
物料供应	物料波动	物料短缺
	物料网络	缺乏配合、临近性差
产业规划	政策衔接	细化不足、前后不一、部门变动、领导换届
	产业方向	独立性差、不受重视、未成体系、原有产业基础影响
	基础设施	场地分散、交通不便、服务单一
政策沟通	政策传导	政策偏离本意、难获有效反馈、缺乏责任心、缺乏政策理解
	申报成本	无效申报浪费资源、第三方费用较高
产品供需	政府调控	采购无序、自身局限
	生产关系	产能不足、产品比例失衡、影响合作、资源浪费、员工安置
合作意愿	产学利益目标	自研为主、产业小众、研发周期紧跟市场
	合作效率	资金投入大、缺乏实用性

（三）选择性编码

选择性编码即在主范畴的基础上凝练出核心范畴，并进而将核心范畴、主范畴及初始范畴联结起来，形成初步的理论框架。为方便将阻滞因素与应急产业政策注意力分配进行比较，本文参考前述政策工具分类方式对 7 大主范畴进行选择性编码，建立了应急产业发展阻滞因素模型（见图 1）。本文将主范畴、副范畴均定义为负面问题的范畴，并在此基础上，统计分析每个因素聚合语句占总聚合语句数的相对比例，得出相对客观的企业端注意力占比，占比越高说明企业端认为该影响因素越重要。供给面、环境面和需求面上阻滞因素注意力依次为 0.435、0.413 和 0.152。本文认为政策沟通、合作意愿及人才质量属于供给面的问题，主要与应急产业的投入密切相关；安全意识、产业规划及物料供应更接近于环境面，分别反映的是社会环境、政策远景和生产环境等宏观性因素；应急产品的供需问题则归属于需求面。从核心范

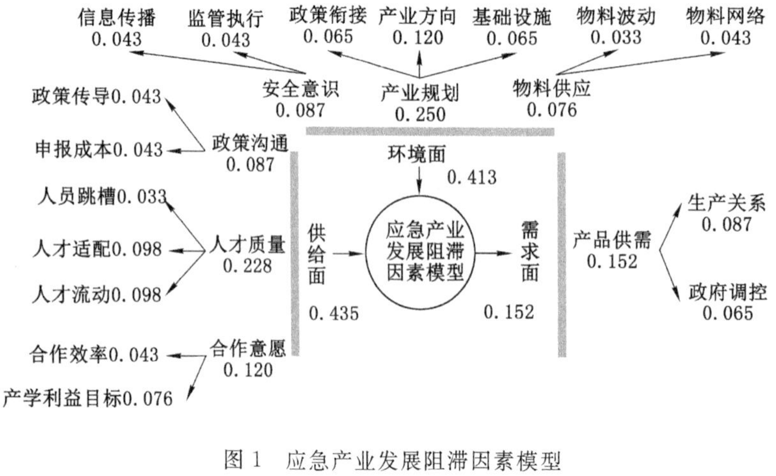

图 1 应急产业发展阻滞因素模型

畴数量可知，应急产业阻滞问题在供给面和环境面等更“主观可控”的方面问题更多，而在需求面等“客观不可控”因素上则相对较少。

（四）理论饱和度检验

为保证结果的有效性，从剩余的访谈记录中随机抽取3份进行理论饱和度检验。依据扎根理论的步骤对上述3份文本资料重新进行逐级编码，就结果而言并未发现有新的范畴或关系形成，说明提炼出阻滞应急产业发展的因素模型理论饱和度较好。

四、政策工具分类下的应急产业政策文本分析

（一）政策文本编码

本文依据“政策编号-具体条款”对选取的25份政策文本进行编码，形成相应的应急产业政策文本内容分析单元编码。应急产业政策文本内容分析单元编码（部分）见表5。

表5　应急产业政策文本内容分析单元编码（部分）

工具类别	类别细分	应急产业政策文本内容分析单元（节选）	文件序号	编码
供给面	公共服务	加强重点企业合作交流，提供政策、法规、标准、指南等公共服务产品	12	12-1-3-3
	科技支持	按照《国家中长期科学和技术发展规划纲要2021—2035》的要求，建立公共安全科技支撑体系……	1	1-5-19
	教育培训	建立多层次多类型的应急产业人才培养和服务体系……	8	8-5-20
	财政支持	加强中央和地方财政安全生产预防及应急相关资金使用管理……	13	13-6-26
环境面	……			
需求面	……			

（二）频数统计与分析

通过对25份政策文本进行分析，得出不同政策工具所占比例。应急产业政策注意力配置表见表6。按不同分类整理政策工具153项，其中环境面占到了全部政策工具的74.51%，供给面占到了全部政策工具的17.65%，而需求面则只占全部政策工具的7.84%。

表6　应急产业政策注意力配置表

工具类别	细分类目	频数统计		占比	
供给面	公共服务	6	27	3.92%	17.65%
	科技支持	12		7.84%	
	教育培训	6		3.92%	
	财政支持	3		1.96%	
环境面	目标规划	54	114	35.29%	74.51%
	金融支持	6		3.92%	
	税收优惠	1		0.65%	
	信息支持	12		7.84%	
	知识产权保护	5		3.27%	
	法规管制	36		23.53%	

表 6(续)

工具类别	细分类目	频数统计		占比	
需求面	政府采购	8	12	5.23%	7.84%
	消费端补贴	1		0.65%	
	服务外包	1		0.65%	
	海外贸易	2		1.31%	
总计		153		100.00%	

注:表内数据四舍五入,取约数。

五、应急产业阻滞因素与政策注意力配置偏差分析

应急产业阻滞因素与政策注意力配置比较见图 2。总体而言,现行政策注意力对应急产业的阻滞因素都有一定程度的关注,但仍存在针对性不强、转化度不够和内向性过强的问题。从单项匹配比较发现,环境面的政策注意力超越了企业端对环境难题的注意力,供给面和需求面则恰好相反,这说明政府将过多的注意力放在了环境面,对供给面和需求面的投入明显不足,而环境面注意力虽然较多,却从企业端仍然发现了在政策注意力之上的政策执行和规划战略不足等问题。

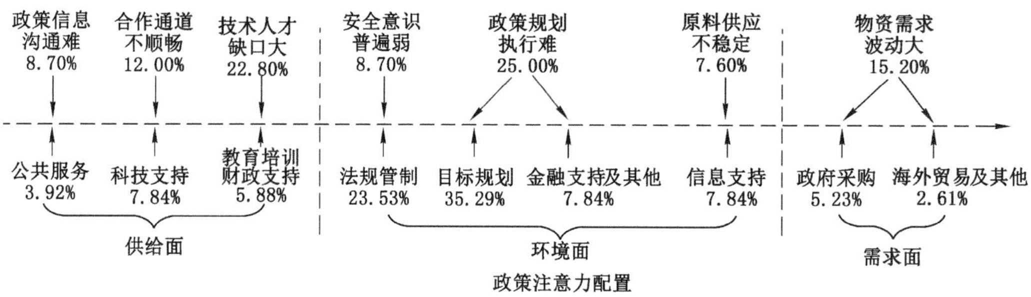

图 2　应急产业阻滞因素与政策注意力配置比较

(一) 供给面:政策注意力缺乏针对性

1. 政策信息沟通困难,便捷有效渠道少

政策沟通范畴中存在的关键问题是应急产业政策信息沟通困难,占企业政策注意力的 8.70%,具体表现在政策执行者传导失责和政策利用者成本增加两个方面。一是传导失责:从多家调研企业访谈中发现,政府基层政策执行者对上级政策缺乏深入理解和未面向企业进行细致解读。二是成本增加:政策利用者对申报条件的困惑,很难获得有效反馈,最终导致政策申报失败,同时造成企业资源浪费,使得企业获得政策支持的成本大大增加。

与之对应的是供给面政策注意力中的"公共服务",占政策注意力总体的 3.92%。政策文本对"公共服务"的关注,表现为"关注产业动态""优化发展环境"等方面,对传导失责和成本增加现象有所回应,但缺乏针对政策沟通渠道、政策落实和执行进展的疏导。

2. 产学合作通道不畅,成果分配关注少

合作意愿范畴中的问题在于产学合作通道不顺畅,表现为产学利益目标分歧和合作效率低两个方面,占企业注意力的 12.00%。一是产学双方利益目标分歧,高校院所难以满足企业追求商业价值的需要;二是合作的低效率,企业通常是合作成本的"买单者",不成正比的投入与产出削弱了企业参与动力。

与之对应的政策注意力项目是“科技支持”,占政策注意力总体的 7.84%,是供给面政策高频关注的内容。这说明当前政府注意力较为关注应急产业科技平台的建设,但是政策关注点普遍聚集在“应急产业关键核心技术”方面,而未将政策设计落脚于“关键技术研发的合理机制”上,比如产学合作研发的利益分配和合作机制常态化建设,这使得企业仍旧仅关注获得经济利益的多寡,也就不难解释当前应急产品制造主要是中低端产品“以量制胜”和应急产业园走“高端智能化”路线的企业少的现状。

3. 产业人才缺口大,点线面结合不当

人才质量范畴是应急企业的一大痛点。人员跳槽、人才适配和人才流动是企业端发现的阻滞因素,占企业注意力的 22.80%。第一,愿意选择应急企业作为终身事业的人才匮乏,这主要与过度自主择业和返乡意愿低等因素有关,且社会整体就业风气浮躁,人员反复“跳槽”产生了大量的耗费,而应急企业和应急产业园多在城乡接合部和中小城市,人才吸引力较弱。第二,企业在校园招聘和人才市场招聘中阻力较大,这主要是因为应急产业缺乏传统产业在发展稳定性上的优势,而且专业要求“较偏较窄”,对口的专业人才很少。第三,人才流失严重,很多求职者只是将应急产业作为跳板。

“教育培训”对上述阻滞难题有一定的关注,比例占 3.92%,但缺乏对就业意愿、人才流失等问题的关注,与企业端注意力比重存在巨大差距。此外“财政支持”仅为 1.96%,财政资金用于安全生产投入的比重很低,且集中在安全生产的点状投入上,尚未形成系统投入的思路。应加快推动应急教育培训的短期轮训人才、职业化以及研究型人才建设,同时在财政支持上关注应急专业教育,增强应急产业的吸引力和留人能力。

(二)环境面:政策注意力缺乏转化度

1. 社会安全意识薄弱,政策目标转化度低

企业端认为,社会安全意识非常薄弱,是制约应急产业发展的重要因素,占比 8.70%。一方面,应急产业的知名度低,安全知识的普及程度不高。另一方面,企业对于应急防护产品购置多数是基于“防患于未然”而未有足够重视,一些企业索性选择性忽视应急产品的日常维护。例如访谈对象(A1)说:“省内化工企业的好多传感器都是我们提供的,但有些怕影响生产就不用”。

应急产业政策的注意力配置对上述阻滞因素有明显回应,涉及目标规划(占比 35.29%)和法规管制(占比 23.53%)两个突出方面。首先,经统计在目标规划中,发现有 12 项政策条款与宣传相关,其中 10 项为安全知识宣传,2 项为应急产业宣传。这说明应急产业的宣传还相当有限,应急科技产品的普及与推广本身构成了“智能化”推进社会整体安全水平提升的重要一环,所以应当调整现有政策工具在宣传安全知识及应急产业方面的注意力配置,促进安全知识宣传与应急产业产品宣传的同步,推动应急科技企业营造体验式应急文化。其次,政府在法规管制方面也有足够的注意力,未来还应继续强化。本文统计发现共有 31 项政策条款涉及企业安全生产监管,说明政府对于安全生产非常重视,但相应阻滞因素的存在仍表明相关政策目标转化不够好。

2. 政策规划执行不当,政策更替平稳性差

笔者在企业调研中发现,应急产业的政策衔接不畅、产业方向模糊和基础设施不完善是影响产业规划范畴的关键问题,占企业政策注意力总体的 25.00%。应急产业政策衔接不畅表现为三个方面。第一,主管部门的调整变动使得前后政策的衔接存在问题。例如访谈对象(A8)说:“应急部组建以后,部门变动可能导致前后政策出现断层”。第二,地方领导更替前后对应急产业的发展思路不一致,导致应急产业规划出现断层。第三,地方政府对于宏观政策的细化程度不够。

应急产业方向模糊表现在三个方面。第一,应急产业作为复合产业,与其他产业有诸多交集,虽然当前《安全应急产业分类指导目录(2021 版)》已经发布,但在工业经济统计中仍没有专门针对应急产业的统计。第二,虽然全国许多城市都在部署应急产业发展,但尚不成体系,很多地方是基于原有产业基础、学科优势而发展应急产业的对应领域,应急产业缺乏整体性和特色性规划,发展盲目性强,产业发展不均衡

问题突出，进而影响应急物资的调配。第三，地方领导不重视，这可归因于应急产业通常不是所在城市的强势产业，经济贡献水平有限。

应急产业配套基础设施不完善表现在三个方面。第一，一些应急产业园区的配套设施较为单一，难以满足员工的生活需要。第二，多数应急产业园区位置偏僻，远离市区，交通不便。第三，多数园区应急企业在发展过程中，厂房和仓库随之扩大，但企业现有场地及相邻场地都已经饱和，因而企业要扩张只能另寻场地，企业场地分散必然影响企业发展。

政策注意力最高比重的目标规划（占比 35.29%）与上述阻滞因素相对应，但是目标规划还需改进。第一，政策衔接问题并未明确写入政策文本中，目标规划没有讨论未能执行下来的政策或者政策更替交接时的方案，所以在未来应探索政策衔接措施，避免因为部门变动、领导换届而给应急产业发展带来断层，使目标规划具有一个相对稳定的周期性发展。第二，目标规划缺乏对应急产业发展方向模糊问题的分析。经统计发现有 14 项政策条款涉及应急产业发展方向，说明政府对此有较高的注意力，但应急产业独立性较差、整体发展不成体系、地方政府领导不重视等阻滞因素的存在也表明目标规划接续性不佳，应急产业的整体规划应该更加体系化，针对应急管理的实际需要部署各地应急产业的发展，并通过加强制度建设、变革绩效考核方式等举措提升领导对应急产业的重视程度。第三，目标规划中较少涉及应急产业园区配套设施的建设讨论，更多的是鼓励应急产业集聚发展的条款，表明应急产业政策对于园区配套设施完善与否缺乏相应关注，尤其应关注对位于中小城市郊区的应急产业园相关配套设施的完善，这是吸引企业和人才集聚的物质基础。

3. 生产原料供应不稳，政策预判协同性低

企业视角发现，应急产品生产原料供应不稳定，这与应急物资需求波动大和物料供应链缺乏规划等因素关联较大，占企业政策注意力的 7.60%。首先，应急产品需求波动大，原料储备很难适应需求波动。其次，应急产业物料供应链缺乏统筹规划，导致物料供应很难与物料需求的剧增或骤降相配合。最后，应急产业存在极为严重的“劣币驱逐良币”的问题，应急产品采购通常是为潜在风险而准备的预购物资，采购通常优先考虑成本，低质低价的产品则更畅销，引发应急产业的低质量发展。

政策注意力对应急物料供应主要是通过“信息支持”（占比 7.84%）的方式。推动“应急工业产品信息共享”已经受到政府部门关注，但应急产业园区政府管理者与应急管理者之间的沟通还不够通畅，政府部门之间的资源信息网络尚不完善，集中表现在应急管理部门遇到突发性事件时应急物资调配困难，而企业响应号召也无法快速生产出突增的大量应急物资。

此外，这种信息支持的注意力还应延伸到物料供应链，当前政策预判统筹还缺乏较好的协同性，加之应急物料网络尚未建立，多数企业仅凭借自身的长期渠道获得应急物料势必造成较大的供应中断风险，这应是未来政策信息支持关注的重点。

政策注意力在环境面的政策工具包括金融支持（3.92%）、知识产权保护（3.27%）和税收优惠（0.65%）等三方面，由于各自政策注意力占比都很少，因此统称为“金融支持及其他”（7.84%），这些政策工具对改善应急产业环境产生了积极影响。“金融支持及其他”和“目标规划”对应应急产业阻滞因素主轴中的“政策规划执行难”，也就是说这两大类政策工具都导致了政策规划执行困难，效果不佳。尽管“金融支持及其他”的这三项政策工具的注意力各自占比并不高，但还是有访谈对象（A6）提及，“作为企业来说，只要有希望得到政策支持，企业都会去争取的”。以政策注意力占比最小的“税收优惠”政策工具为例，其对于企业发展来说也有特定的价值，比如 2020 年年初新冠肺炎疫情暴发期，口罩供应紧张，河北省某医疗器械有限公司作为口罩供应企业，生产压力巨大。政府的减税降费政策，给企业带来了发展红利，也有利于落实规划。可以看出，如果政府重视这三项“金融支持及其他”政策工具对企业的价值，可以帮助企业减轻现金负担，为企业注入资金活力，进而有利于各项应急产业政策规划的落实；反之，则会加大政策规划执行阻力。因此，政府可以根据企业的实际需要维持或加强对这三项政策工具尤其是税收优惠这一种政策工具的关注度。

（三）需求面：政策注意力缺乏双循环

1. 物质需求适应性差，政府采购规则模糊

在企业端视角，需求面上阻碍应急产业发展的因素包括“政府对应急物资的采购规则还不够明晰”和“应急生产关系受市场供求关系影响太大”两个方面，占企业总体注意力的15.2%。首先，应急物资采购方面缺乏稳定关系，应急采购无序性明显，而政府采购是应急产品最为重要的市场。例如访谈对象(A5)说：“从来救灾应急这些大的事故都是以政府为主导力量”。其次，政府采购的选择策略难以琢磨，缺乏对应急物资必要性和紧迫性的采购评价，增强了采购过程的随机性。例如访谈对象(A8)说：“消防用品不是必需品，有的时候就是看顾客愿不愿意买”。

应急生产关系受市场供求关系的影响，上下游供应商和企业雇佣关系难以适应供求变化，相对固定的生产关系缺乏弹性变化。应急产品需求的增降幅度过大，则要求应急企业能够与上下游生产企业快速调配协作，能够在特殊时期快速建立劳务关系，但企业对产量暴跌后需求恢复平稳时生产线投入撤除和缩减用工存在极大的顾虑。

在政府端视角，注意力分配到政府采购政策上的比例为5.23%，政府一直关注应急物资采购问题，但政府采购规则的执行还需要进一步明晰，以确保采购过程的规范和公平，已有的政策设计尚未讨论应急产品供需稳定性问题。

2. 海外市场重视度低，外贸支持政策乏力

在企业端视角，虽然没有阻滞因素与海外市场相对应，但应急产品海外市场开拓的差异性较大，且已有部分应急企业获得了海外贸易的竞争优势。访谈对象(A8)说：“我们前两年业绩的增加是以外贸为主的，比如固定式的消防无人机的出口”。

政府对海外贸易的关注只占政策注意力的1.31%，其与应急产业海外贸易的发展明显不匹配，因而在应急产业政策方面，应加大对海外市场的关注，鼓励企业参照国外标准开展生产，满足国内外市场对应急产品的需求，促进应急产业的国内国际双循环的建立，并借此改善因应急物资需求不稳定造成的生产困难或产能过剩。

六、研究结论与建议

加快完善应急产业发展的政策系统建设，是应对疫情常态化和突发性危机事件物资困境的关键基础。本文采用扎根理论建立了应急产业发展的阻滞因素模型，并采用政策文本分析法提取了应急产业政策的配置，通过二者比较探讨企业端和政府端的注意力偏差，得出如下结论。第一，应急产业阻滞因素主要表现在政策沟通、人才质量、合作意愿、安全意识、产业规划、物料供应和产品供需等七个方面，可归结到供给面、环境面和需求面的阻滞因素集，企业注意力分布在这三个方面的阻滞因素集的比例依次为43.5%、41.3%和15.2%，因素多集中于供给面和环境面，前者包括政策信息沟通难、合作通道不顺畅和技术人才缺乏等因素，后者包括安全意识普遍弱、政策规划执行难和原料供应不稳定等因素。进一步而言，供给面和环境面的阻滞因素具有较强的可控性，需求面的应急物资需求波动大且通常是不可控的。第二，政策注意力在供给面、环境面和需求面的分配依次是17.65%、74.51%和7.84%，应急产业政策对产业环境改善的重视程度最强，其次是供给面的科技支持、公共服务和教育培训等，最低的是需求面的政府采购、海外贸易及其他政策支持。第三，政策注意力配置在一定程度上回应了应急产业发展的阻滞因素模型，但政策注意力与应急产业发展阶段的匹配度不佳，这尤其表现在供给面工具的公共服务沟通、产学合作通道不畅、教育和财政焦点适配，环境面工具的安全知识宣传、政策规划接续和政策预判统筹，以及需求面工具缺乏政府采购循环流动性和海外市场激励等方面。

(1) 供给面政策工具应提升对公共服务供给的关注度，完善政策沟通渠道，加强对政府基层人员履职的监督，确保政策传达及执行的有效性；不仅应重视科技创新，攻克关键核心技术，更应着眼于配套机制

的构建，加速科技成果转化，健全高校科研院所的评价体系，激发产学合作研发的动力；应加强应急专业技术人才培养，引导人才就业选择，加快应急教育培训的短期轮训人才、职业化以及研究型人才的体系化建设，设计吸引和留住人才的长效性政策。

（2）环境面政策工具应加大对安全知识宣传与应急产业宣传的投入，推动应急科技企业营造体验式应急文化，促进社会安全意识目标充分转化为实际行动，增强政策执行的有效性并引导企业转变发展理念；应在政策设计时加注部门改革、领导换届后的政策衔接说明，保持对应急产业的重视程度，突出目标规划的区域特色，完善产业园区基础设施和科技平台的协同规划，差异化推进应急产业发展方向，并促进产业集聚和发展与应急管理物资供应能力相匹配；应鼓励搭建应急物料网络，统筹物料供应链与应急产业协同发展，保障加急生产时的物料供给。

（3）需求面政策工具应提升对政府采购的关注度，规范政府采购流程，设计政府应急物资采购的决策规则，评价采购种类和数量的紧迫性和必要性，加强对政府应急物资采购质量标准的监督，设立应急物资企业库存，减少“临时抱佛脚”的加急生产和应急物资供应不上的现象，形成政企良性合作关系；合理调节政府采购政策工具对稳定应急产品需求波动的功能，加强政策对具有高潜力的海外应急市场的扶持，推动国内国际双循环的建立和良性运行，稳定国内应急需求不确定性的波动。

（4）促进应急产业政策注意力贴近企业端对产业发展阻滞因素的注意力分布，使得政策能够“对症下药”地解决企业端的发展难题。应急产业政策注意力分配还应关注没有明显对应阻滞因素和比重极低的政策工具；应重视在产业不同的发展阶段，合理调适在供给面、需求面和环境面的政策注意力配比，应将高比重注意力放在一个阶段较为重要的发展约束性因素上或具有重大潜力的政策工具上。

参考文献：

[1] 钟宗炬，吴晓倩，张海波．产业政策如何驱动中国应急产业发展？：基于应急产业政策的文本分析[J]．北京行政学院学报，2019(3)：43-52．

[2] 徐建华，孙虎，董炳艳．我国应急产业培育模式研究：论打造两大应急产业生态体系[J]．中国软科学，2020(6)：22-29．

[3] 李方，张胜．基于文本分析的中国知识产权政策工具选择研究[J]．中国科技论坛，2017(8)：112-119．

[4] 徐硼，罗帆．政策工具视角下的中国科技创新政策[J]．科学学研究，2020，38(5)：826-833．

[5] 柯洪，王美华，杜亚灵．政策工具视角下PPP政策文本分析：基于2014—2017年PPP国家政策[J]．情报杂志，2018，37(11)：81-88．

[6] 吕文晶，陈劲，刘进．政策工具视角的中国人工智能产业政策量化分析[J]．科学学研究，2019，37(10)：1765-1774．

[7] 李玥，郭航，王宏起，等．基于扎根理论的联盟协同创新激励要素及作用机制[J]．中国科技论坛，2020(8)：129-137．

Research on the Deviation Between Emergency Industrial Policy Attention and Retarding Factors of Industrial Development

Yang Chao, Jia Wei, Chen Meiqi

Abstract: The characteristics of the emergency industry, including, latent and preventive, determine the objective dilemma of its development. It is worth discussing whether the emergency industry can effectively respond to the large number of support policies issued by the state. From the perspective of the attention theory, this paper proposes a model of blocking factors for the emergency industry at the enterprise side by using the Grounded theory, and compares it with the attention shown in the emergency industrial policy texts at the government side by means of the classification of policy tools, so as to capture the allocation deviation of the attention of emergency industrial policy at the present stage. It is pointed out that policy attention allocation responds to the blocking factor model to some extent, but the matching degree between the two is not good. The research of this paper deepens the understanding of policy attention allocation and emergency industry retarding factors.

Keywords: emergency industry; policy attention; retarding factor; Grounded theory; policy instrument

如何消解危机管理中的信息孤岛？
——信息生态理论视域下的单案例分析

李艳娇

摘要：信息是各主体应对危机相互沟通、有效合作的基础，是危机管理的关键。如何提高信息协同效率，进而解决信息不对称问题，打破信息孤岛已成为突发事件应急管理领域的关键。本文通过对郑州地铁5号线"7·20"事件展开研究，从信息生态理论入手，分析危机管理中信息孤岛的具体表现，即求救孤岛、救援孤岛、连接孤岛，剖析信息连接不畅、反馈推诿、传播不对称等问题，并从应急协同机制、应急信息建设、危机沟通机制、社会应急多元共治等四个方面提出消解信息孤岛的优化策略，以期打造协同高效的信息共同体。

关键词：危机管理；信息孤岛；信息生态理论；应急协同

一、问题的提出

在具有高度不确定性和复杂性的风险社会中，政府凭借其权威性与刚性约束，在重大突发风险暴发后能够发挥较好的治理效能。随着自然灾害、公共卫生事件、社会安全等方面的防治任务变得愈加艰巨，公共危机成为"新常态"。突发事件的突发性、难以预料性、涉及多主体等特点使政府在应对危机事件中不可避免地出现信息孤岛等问题，局限性日益凸显。信息是社会行动的基础，是应对突发事件的关键。信息采集、上报、分析、发布等各个环节都影响着应急处置的效果。信息孤岛导致信息共享性差、效率低，不利于推动形成统一指挥、专长兼备、反应灵敏、上下联动、平战结合的中国特色应急管理体制。如何促进信息共享，提高信息效率，解决信息孤岛问题成为突发事件应急管理领域新的研究热点。

相对目前如火如荼的应急管理研究状况而言，应急管理中的信息孤岛问题探索成果着实不多。现有研究多是从整体性治理、总体规划角度研究应急管理中信息孤岛的困境、原因及解决办法，侧重于政府方面。此外，现有研究多采用经验分析法来挖掘信息孤岛的内在逻辑，回应应然问题，缺少对现实世界中信息孤岛实践案例的深入体察，理论与实践之间缺少有效的对话与互证。

有鉴于此，本文引入信息生态理论，聚焦于不同生态系统中的不同孤岛，分析各个孤岛的状态及信息孤岛各要素之间的相互作用，并通过郑州地铁5号线"7·20"事件案例验证并充实这一分析框架，分析危机管理中信息孤岛的形成机理，探寻消解信息孤岛的对策，旨在推动危机管理中多主体、多部门实现真正的协作，从而构建信息共同体，有效预防、控制和处理突发事件。

二、理论文献与分析框架

根据研究对象的不同，有关应急管理信息孤岛问题的现有研究多是从制度和技术两个方面进行分析。制度方面，现有文献大多重点阐述应急管理信息共享中的信息孤岛现象，并从地方保护、行业封锁和系统繁杂等方面对信息孤岛产生的原因做了分析；从信息流的角度将可能导致应急管理决策信息共享过

作者简介：李艳娇（2000—），女，河南许昌人，中国矿业大学公共管理学院（应急管理学院）本科生，研究方向为行政管理。

程中信息不对称的原因归纳为地方封锁信息、部门隔离信息以及系统封闭信息三个方面。也有学者认为信息孤岛形成的原因是信息传播机制不完善。[1]技术方面,现有文献,有的为了解决应急部门间信息孤岛问题,提出在总体规划的指导下构建应急信息资源目录体系;[2]有的提出电子政务系统要实现信息公开透明以解决政府信息孤岛问题。有学者提出社会化媒体在突发事件应急的信息共享中发挥着重要作用。[3]从既有研究中可以看出,信息孤岛问题主要基于政府的角度从机制上进行分析,虽然注意到了社会媒体、公众的作用,但是并没有将其融合在一起。

因此,本文引入信息生态理论,从整体角度进行综合分析,不仅包含多主体,还考虑人与环境的相互作用。信息生态是指特定环境下,由人、行为、价值和技术等所构成的系统,采取整体的、系统的观点看待影响组织信息使用方式的因素。信息生态是关于信息、人、信息环境之间相互关系的总和,是在一定的信息空间中由于信息交流关系而形成的人、人类组织、社区与其信息环境之间由于不断地进行信息交流与信息循环过程而形成的统一整体。本文结合信息生态理论研究和突发事件的结合,主张信息生态理论要素是以信息为基础,信息人、信息技术和信息环境相互影响,统一协调发展。

信息生态理论适用于研究信息孤岛。每一个应急突发事件都会产生自己的信息生态系统,在应急突发事件中,信息生态系统是各个主体之间的各种联系所构成的复杂系统,信息生态系统的不同部分依据各种联系共同改变,协同进化。[4]应急突发事件中的信息生态系统是在危机空间中形成的人、人类组织、社区与其信息环境之间由于不断进行信息交流与信息循环过程而形成的统一整体,一个信息环节的堵塞断裂势必会影响整体信息的传送和收集。信息孤岛作为一个孤立的由一定信息人、信息和信息环境组成的独特整体,可以被认为是信息生态系统中的一种。因此,信息生态的理论和研究方法可以为研究信息孤岛的存在与变化,以及信息孤岛消除的策略方法提供一种新的思维和途径。信息生态是一个部分及其之间的各种联系所构成的复杂系统,同时这种联系不仅是静态的存在,还是一种动态演化。从信息生态学角度分析应急救援中的信息孤岛,可以从静态、动态两个角度形成分析框架。信息孤岛机理分析框架见图1。

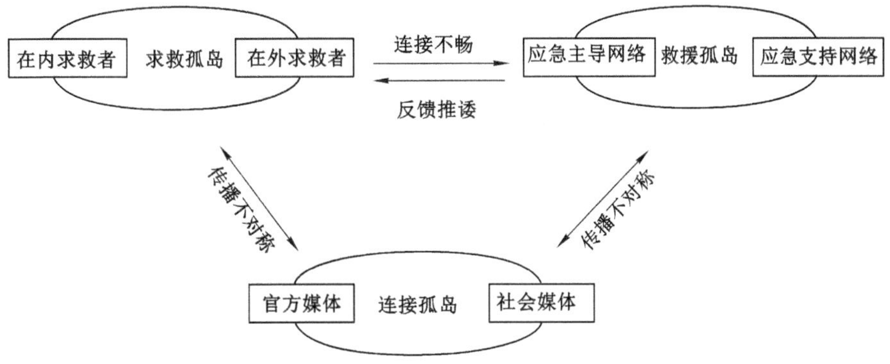

图1 信息孤岛机理分析框架

(一)静态角度

从静态角度来分析,根据信息人的职能分析信息孤岛。信息人是信息生态中的主体,是最具能动性的因素,既是信息的发出者,又是信息的接收者。信息人可以分为求救方、救援方、连接方。

求救主体可以分为在内求救者(现场被困人员)和在外求救者(不在现场但传播求救信息的人)。在内求救者的信息更具真实性,而在外求救者的信息往往具有迟滞性、片面性。但在内求救者往往受到突发事件的影响不能及时发出求救信息,在外求救者的人数多,限制少,社会网络比较广,可以扩大求救信息的可及度,增加在内求救者获救的机会。

应急网络主体分为应急主导组织和应急支持组织[5]。应急主导组织在应急网络组织中居于领导地位，政府、军队是其核心构成主体。气象局提前发布预警信息，应急管理局收到求救信息快速展开部署，消防救援机构救援。在有效应对重大、特别重大自然灾害和事故灾难等突发事件时，解放军和武警部队会进行支援成为救援力量的一部分。应急支持组织提供必要的应急资源及应急协助，其构成主体更趋多元化，主要来自社会领域，例如企事业单位、社区组织、非政府组织。对于与突发事件具有利益关联的企事业单位发挥更加积极的作用。社区组织处于我国基层，具有较好的群众基础，更容易汇集志愿者。非政府组织例如红十字会参与应急管理的程度也越来越高。

根据运营方的性质，连接主体可以分为官方媒体和社会媒体。官方媒体指政府部门专门发布相关信息的公众号、微博等媒体。社会媒体指由企业或者个人创办的媒体，在财政、经费、所有权上独立于政府部门。官方媒体与社会媒体在信息内容、议题设置、话语方式等方面存在着较大的异质性，但在应对突发事件的处理中均发挥着重要作用。官方媒体，尤其是地方官方媒体因具有当地受众面广、认可度高、技术专业等特点，应成为应急管理过程中信息交流的超级节点。尤其是在危机前期，在突发事件脉络不甚清晰明朗的时候，官方媒体通过传播有关灾难现场的声音、照片、视频等消息，实现信息的快速更新与全方位覆盖，为灾情实时感知、救援进展实时播报提供了重要线索[6]，有利于遏制谣言的传播，防止递增回馈效应的出现。在自媒体时代，社会媒体具有速度快、影响广、简单易施、高效、交互性强的特点，成为群众发布信息的主要渠道。一旦发生突发事件，我国亿万网民会快速汇集起来并参与其中，由此形成数据洪流，涉及灾情、救援、避难场所、生命通道、募捐等方面，构成了突发事件大数据。此外，社会媒体中也不乏意见领袖与公众人物。因此，社会媒体具有很大的潜力和生命力。

（二）动态角度

信息流在内容上具有生命周期，所以信息流存在使用边界。一个开放式的信息系统中的信息流会得到更多的使用，具有更长的生命周期，但是信息孤岛因无法或者难以被外部系统所使用，表现出明显的封闭性。求救方、救援方、连接方三大主体间存在着信息流的流动，若出现信息阻塞，不对称等问题，就会形成求救孤岛、救援孤岛、连接孤岛三大信息孤岛。从动态来看，信息孤岛是信息人、信息流和信息环境互动的产物。信息环境是多因子的集合，是在自然环境基础上经过人类加工而形成的一种人工环境，它体现了自然、社会、科学技术间的交互作用，包含自然环境、制度环境、信息技术、网络环境等。信息环境内部各要素相互影响。信息技术的发展打破了政府对数据的垄断，社会组织、公众、企业拥有各种层次的应急信息资源。因此，应建立以政府为主导，社会协同参与的新的多元主体治理结构，不但要促进政府部门、地区、层级之间的数据共享，还要促进政社信息共享。[7]

信息人、信息、信息环境各个因素密不可分，相互影响。首先，信息环境是信息人的保障。信息技术的发展为公众参与应急管理提供了路径和技术支持。制度为信息人的信息共享提供了合法性基础。其次，作为系统的主导因素，信息人的素质是管理好信息生态系统的关键因素[8]，是发展技术、破除制度障碍的关键。

1. 求救孤岛

我国公民存在应对危机知识储备欠缺、自救互救能力不足等问题。非常规突发事件的现实情境超过自身认知，亲历者内心感到紧张失衡，无所适从，发出的求救信息往往不规范、不详细、不准确，质量不高，容易对救援方造成困扰。巨灾面前，110、120、119 等传统的急救信息平台很快饱和，远远无法满足巨灾下的海量急救请求，通过基站收发信号也比较脆弱，容易损毁。此外，短时流量剧增会导致电话无法拨通。[9]在内求救者与外界联系不畅，而在外求救者大多通过熟人社交圈转发求救信息，传播力有限。社会系统供应链条关联节点“断裂”，求救方与救援方连接不畅，导致求救孤岛的形成。

2. 救援孤岛

从应急信息的上下机制来看，受传统行政管理直线-职能式的组织结构影响，我国政府在应急管理中的信息机制具有渠道单一、环节多、流程长等特征，容易造成信息传递效率的低下和应急防控组织力量的浪费，难以实现集中统一领导和分工协调机制的顺利运行。从信息的横向机制来看，由于各个部门、单位职能分工不同、所属行业不同等，信息内容不兼容，信息报送系统并行，无法实现系统间数据的共享、交换，应急数据碎片化现象严重，造成了大量的资金和技术浪费[10]，容易造成各部门推诿，无法形成合围力量。部门利益由此形成求救方的内部孤岛。突发事件“不可控、潜在性、复杂性、溢出性”等特征导致应急管理并非易事。若救援方对于求救方信息反馈不及时，则容易出现责任推诿。

3. 连接孤岛

信息的传播是一种双向或者多向的沟通过程，但对于众多的突发性事件，尤其是公共性的突发性事件，沟通双方的主体地位很难等同。[11]公共危机的突发性会使社会公众产生巨大的心理恐慌，产生各种不同的危机心理，公众会迫切希望得知关于危机的具体信息、危机对自己产生的影响以及政府将会采取的措施。若政府的危机信息发布不及时，将会引起社会恐慌，形成对政府处理危机不利的社会舆情。官方媒体因最接近信息源，对突发事件报道具有报道及时、可信度高、覆盖面广等方面的优势，且地方媒体与本地居民的联系较为紧密，受众的信任度和覆盖面往往更高。因此，政府宣传部门及其下属的官方媒体应担负起危机沟通的使命，安抚群众、澄清谣言、树立政府良好形象、维护社会稳定，同时监督政府。现实中官方媒体偶尔会存在缺位和越位的现象，面对危机事件，反应迟缓，发布不及时。

社会媒体因其有庞大的用户且用户的认知水平存在差异性，信息可能出现不理性的倾向，话语失范，同时也存在来源分散、表达随意、语义模糊等问题。社会媒体很多信息流于表面帮扶，缺乏深层问题思考，杂音多，没有形成合力。互联网是一个开放的舆论场，自由开放易滋生谣言，部分别有意图的传播者会歪曲事实，散布不实言论，[12]“消费”灾情，真假混合。媒体对于公共危机事件的错误理解，可能会导致“强危机信息弱化”“弱危机信息强化”“非危机信息危机化”。连接方对于求救和救援方存在信息传播不对称的问题。

三、个案分析——以郑州地铁 5 号线“7・20”事件为例

个案研究着重于一种特定的情况、事件、现象，能较深入地挖掘研究资源以描述客观世界的真实故事。[13]本文对信息孤岛的形成及各信息生态因子的相互作用的研究，需要放在具体情境之下进行探索，故采用个案研究。

全球气候变暖背景下，气象灾害呈现出长期性、突发性、巨灾性和复杂性，不断打破传统洪涝灾害的重现期预测。我国 280 多个地级以上城市中超过八成属于暴雨脆弱型城市，多分布在中西部地区[14]。所以针对洪涝灾害的研究对我国非常重要。地铁封闭程度高、人员密集且流动性强，一旦发生机械故障、自然灾害、操作不当或者人为破坏等突发事件，会对人们的生命财产造成严重危害。[15]地铁一旦遭遇暴雨，如果处置不当，极易威胁人民生命健康。因此，地铁交通突发事件应急管理是我国应急管理体系中不可或缺的一部分。2021 年 7 月 17 日至 23 日，河南省遭遇历史罕见特大暴雨，引发全国关注。此次暴雨共有 150 个县(市、区)1 478.6 万人受灾，直接经济损失 1 200.6 亿元[16]。其中引发最大关注、讨论最多的是郑州地铁 5 号线“7・20”事件。

郑州地铁 5 号线“7・20”事件是 2021 年 7 月 20 日，极端暴雨引发严重城市内涝，暴雨冲毁郑州五龙口停车场挡水围墙、灌入地铁隧道，地铁 5 号线 04502 次列车行驶至海滩寺站至沙口路站上行区间时失电迫停，造成 14 人死亡的重大人员伤亡的责任事件。[16]该悲剧事件的发生不仅是极端暴雨的原因，还在于求救方、救援方、连接方间的信息孤岛。

郑州地铁 5 号线“7・20”事件中的信息孤岛的静态分布与动态过程共同构成理论分析框架，见图 2。

（一）静态角度

求救方中，在内求救者包括受困乘客、受困地铁工作人员，在外求救者包括乘客亲友，还有热心网友。内外求救者和救援方、连接方之间不断发生着信息流的流动与反馈。受困乘客和地铁工作人员作为信息的供应者，对受困信息进行吸收和加工，并通过各自的渠道对外传输，乘客亲友和热心网友在对信息进行

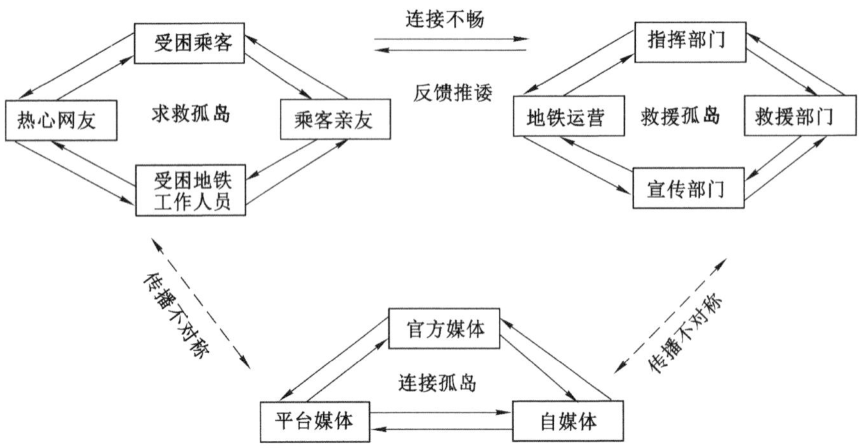

图 2 “7・20”事件的理论分析框架

搜索和利用的基础上，将求救信息进行分解和释放。

救援方的应急主导组织包括交通管理部门、公安消防等救援部门、预警部门等，应急支持网络包括郑州地铁集团有限公司。根据郑州市制定的城市轨道交通运营突发事故（事件）应急救援的预案及相关专项预案，轨道交通运营突发事件发生后，地铁公司作为责任主体、第一响应单位，应立即启动本单位制定的专业应急预案，开展先期应急处置工作；并视情况拨打急救电话报告，同时向郑州市应急管理部门报告。郑州市公安局应迅速部署警力，郑州市消防救援总队应及时调派处置力量，协助市交通部门对人员进行紧急疏散救援和区域交通管制，必要时，协调武警和外部力量参与应急救援处置工作。

连接方可分为官方媒体和社会媒体两大类。郑州市极少数官方媒体，作为救援孤岛中宣传部门的下属机构，因为出现工作失误，成为一个另类的信息孤岛。社会媒体，案例中以平台媒体和自媒体为主。平台媒体指人们用来共享知识、看法、意见的社会性商业媒体，是政府信息公开和舆论引导的重要补充。自媒体指个人创办用来宣传发布信息的媒体，在突发事件信息公开和舆情演化中，自媒体的影响和作用不可小觑。

（二）动态角度

1. 求救孤岛

郑州市降水量较少，局部地区偶尔会发生洪涝灾害，近十年来郑州市发布暴雨红色预警只有三次。因此，普通群众普遍存在对暴雨的忽视，对极端天气下自救互救、地铁逃生等知识的缺乏，这导致乘客在暴雨之下依然选择冒险回家而非就近寻找避难场所，形成求救方内部的孤岛。

求救者和救援者之间存在信息连接不畅，事发时，受困乘客、亲友及网友惊慌之下纷纷拨打 110、119、120 等求救电话，却造成求救热线长时间占线，后随着地铁车厢的断网断电，连接更加受阻。

2. 救援孤岛

应急响应及救援滞后。《郑州市防汛应急预案》明确当“常庄水库发生重大险情”时，需要启动Ⅰ级响应。常庄水库于 2021 年 7 月 20 日 10:30 开始出现“管涌”险情，直到 20 日 16:01 气象部门发布第 5 次红色预警，郑州市才于 16:30 启动Ⅰ级应急响应。[16] 应急行动与预报信息发布存在明显脱节的现象，未及时对暴雨红色预警组织综合研判，未按规定要求及时启动Ⅰ级应急响应，未妥善掌握和指挥处置地铁 5 号线等重大险情。

缺少有效的救援组织动员。郑州市电视台只是常规化在天气预报中播报暴雨红色预警，通过郑州市三大电信运营商全网推送的预警短信仅 2021 年 7 月 19 日 1 次；城市管理局（市城市防汛办公室）未按《郑州市城市防汛应急预案》规定向公众发布预警信息、启动应急响应。郑州市宣传部门 2021 年 7 月 20 日 18:58才部署“所属新媒体不间断滚动播放本地气象预报预警、雨情等信息”,此时全市已经严重受灾。[16]

应对救援处置不力。未及时采取预警响应行动,2021 年 7 月 19 日至 20 日,气象部门多次发布暴雨红色预警后,郑州地铁集团有限公司未按有关预案要求加强检查巡视,对运营线路淹水倒灌隐患排查不到位;在 20 日 15:09 五龙口停车场多处临时围挡倒塌、16:00 地铁 5 号线多处进水的情况下,郑州地铁集团有限公司没有引起高度重视,没有领导在线网控制中心(OCC)和现场一线统一指挥、开展有效的应急处置,直到 18:04 才发布线网停运指令,此时列车已失电迫停。郑州地铁集团有限公司应对处置管理混乱,未执行重大险情报告制度,事发整个过程都没有启动应急响应,18:37 乘客疏散被迫中断,但直到 19:48地铁运营分公司才向郑州地铁集团有限公司值班处报告,400 多名乘客已被困车厢 1 个多小时,严重延误了救援时机。[16]

“7·20”事件中出现了受困乘客及其亲友、网友拨通 110 请求救援,但是 110 与地铁公司并没有沟通相关信息,让其拨打地铁热线求助以及当受困乘客需要医疗救助时,120 由于尚无空余的救护车,建议其拨打 119 或 110 请求救援等现象。

3. 连接孤岛

本次暴雨灾害期间,河南省内媒体很少出现监督类和深度调查类报道,不能满足群众的新闻需求;与此同时,受信息源和地方管控因素影响,中央媒体的传播效果也大打折扣,与中央政府的信息需求有很大差距。相对有分量的监督类报道多出自外省,例如红星新闻、津云等媒体。受灾严重的核心区域限制记者公开进入,导致高质量的调研类稿件缺乏。

个别媒体工作人员对应急事件的敏感性不足,媒体在危机沟通中的责任感式微,个别政府宣传部门工作人员对危机信息真实性的辨识能力不足。媒体一系列失真、滞后的报道反映出媒体与危机处置现场存在着巨大的信息鸿沟。不实信息的传播、信息聚合缺乏精准服务能力等干扰了救援资源调配和社会力量流动。

四、消解信息孤岛的对策建议

(一)健全政府应急协同机制

1. 突破部门利益梗阻,明确部门权责规范

救援工作需要多个救援部门的协调配合,应当鼓励各救援部门根据自身应急管理的需求,通过部际协议或联合文件确立常态化的部门应急联动机制,在部门信息整合的同时兼顾救援效率,承担起共同的救援责任。另外,可以构建标准化应急管理信息公开系统。相关单位需要构建公开的信息管理系统,摆脱信息孤岛对应急信息管理质量的影响,以信息标准化、数据规格化,促进跨区域、跨部门、跨行业的信息联动共享,让真实有效的求救信息得以共享,实现相关部门内部的信息快传,使政府和群众之间形成双向互通的信息交流渠道。

2. 强化部门协同机制,构建有效防救链条

清晰各部门在事故预防、灾害防治、抢险救援等方面的职责,有效衔接“防”和“救”的责任链条。全面构建行业部门、专家团队、地方政府等多方参与的研判会商机制,定期开展安全生产、自然灾害风险形势综合研判,落实汛期、节假日等重要节点加密会商制度。发挥应急管理部门的综合优势和各相关部门的专业优势,开展灾害事故发生规律、分布特点及衍生关系的合作研究,实现预案衔接、信息互通、队伍联动、物资共享。

(二)优化应急技术与信息建设

技术契合突发事件衍生集聚的风险特质,有利于解决应急网络主体人力、物力的有限性与突发事件危机衍生性张力间的矛盾,实现“观、管、防”相结合。区域内部不同救援信息主体的交流、协作、沟通离不

开有效的信息传播方式。在应急管理工作中，信息技术是保证应急协作过程中实现资源实时共享、跨部门沟通合作、为应急指挥过程的计划性与灵活性提供平衡、保障各项指令迅速传达的重要工具。只有时刻关注信息技术的发展，运用技术保障和变革应急管理工作，才能有效避免应急协作中信息共享与信息技术的不匹配，[17]客观上减少推诿扯皮的现象。

1. 构建应急通信网络

针对地下空间应急通信信号不畅通的问题，要加强地下空间通信信号的保障性基建，设置针对火灾、渗漏水、非法进入、有害气体等安全隐患的物联感知设备，增设隧道地面的雨水系统强排设施，在隧道排水所进入河道的附近，规划、建设雨水提升泵站，构建地下空间的"人防＋技防"监测网络。采用5G、软件定义网络(SDN)、专业数字集群(PDT)等技术，建设指挥信息网、卫星通信网、无线通信网，接入电子政务外网、电子政务内网和互联网，构建天地一体的应急通信网络。同时以防万一，在重点区域、重点部位配备长航时通信无人机、卫星电话、应急发电车等特殊装备，提高断路断电断网等极端情况下的应急保障能力。

2. 建设应急管理综合应用平台

统筹建设全灾种风险数据库，应急预案数据库、应急救援队伍数据库、应急物资装备储备数据库，梳理各地各部门应急管理数据资源，融合相关行业和互联网数据，依托应急管理综合应用平台和应急指挥平台，统筹规划建立数据资源共享服务体系。同时，重视社会救援力量的信息，数据集群接入指挥平台，强化信息共享与联通，为社会救援力量参与应急救援提供有力支撑。通过对多源异构数据的采集、清洗、处理、分析，建成覆盖灾害事故、管理对象、应急力量和应急资源的全要素、全生命周期管理的专题应急大数据库，为应急管理工作提供强大支撑。应急管理综合应用平台有利于打破信息传递的"科层"模式，推动现实空间、虚拟空间两个空间的交叠融合，突发事件动态信息实时同步传递，实现信息"扁平化"传递。

（三）构建危机沟通机制

增强危机沟通意识，完善信息公开机制。政府部门选择合理的信息发布渠道，做到利用各种手段对舆情信息主动进行监测、汇集、分析、控制与引导，推动建立统一规范的预警和应急的信息服务系统。加强电子政务、政务社交媒体建设，完善风险管理部门信息规范化处理、存储和报送系统。转变态度适度放权，增强媒体监督作用。随着媒体社会功能的进一步提升，政府对媒体的要求和管理也必须有所调整和转变。媒体能否完整地呈现风险议题、有效促进风险传播以及深入地阐述公共政策议题，对于提升公民的风险意识，传递应急求救、救援信息有着重要意义。政府应积极通过媒体来与公众进行沟通，实现危机沟通的最大效益。

（四）推动社会应急多元共治

1. 提高防灾减灾意识，增强自救互救能力

一是公众需要增强危机参与意识，以积极的主人翁姿态参与危机沟通，为政府完善危机沟通机制建言献策。同时，积累洪水、触电等危险情境的判断与应对知识，以及求救技巧，不轻易相信虚假的公共危机信息，要注意运用社会媒体等渠道求救或表达自己的意见。二是主流媒体、应急培训机构、学校等应发挥教育、引导作用，普及应急救援知识，提高群众自救互救意识。救援最重要的是时效性。自救的效果大于互救，互救的效果好于等待政府救援。以社区、村为单位，开展求救和自救知识宣传，促进救援知识深入人心。从源头上加强公民的应急素质教育，提高防灾意识，加强紧急求救、自救技能教育，加强演练，掌握如何正确规范传递求救信息，提高求救质量。

2. 发挥超级节点作用，增强信息协同共享

不同于电话求助所承载的信息量小，效率低，"救命文档"所容纳的信息量更大，可以实现万人编辑，收集更多受难者的求救信息，实现求救方与救援方的精准对接，实时保存，弥补官方救灾应急响应系统中信息通道的短板。相较于社交媒体上以个人名义分享转发的求救信息相互独立、信息更新滞后和重复，

"救命文档"更新迅速,并且有志愿者进行专门的维护审核,可以提高信息的真实性、准确性、及时性。"救命文档"如腾讯文档、石墨文档、金山文档等在线文档类似于一个超级节点,每个在线编辑的人都是一个节点,有利于激活民间力量,打通民间信息与官方渠道,形成救灾合力。

3. 完善危机信息报道机制,搭建信息沟通桥梁

危机未发生前,媒体进行监控和预警,为政府提供信息,能够在一定程度上避免危机的发生;危机发生时,媒体快速反应和行动,调集相关人员,制定行动方案和策略使报道活动更加行之有效,活动报道真实,有条不紊;危机过后,媒体应该继续对灾后重建进行舆论监督,关注灾后人们的心理,积极参与灾后的物质和精神重建。要发挥传媒作为社会信息交流系统、社会文化建构系统、社会心理疏导系统、社会管理控制系统的功能,主动成为政府与公众之间的信息沟通桥梁。

五、结束语

信息化是全面提升应急管理能力和水平,推进应急管理现代化的必由之路。要实现信息化,就需要解决信息孤岛问题。本文借助信息生态理论,创造性地从静态与动态两个层面分析了三个孤岛的形成,并对郑州地铁 5 号线"7·20"事件展开剖析,从应急协同机制、应急信息建设、危机沟通机制、社会应急多元共治等四个方面提出消解信息孤岛的对策建议,以期提升地下空间安全度,打造协同高效的信息共同体。

参考文献:

[1] 尹小楠. 整体性视角下我国公共卫生应急管理问题研究[J]. 中国应急救援,2018(5):17-21.

[2] 郭路生,刘春年. 基于 EA 的政府应急信息资源目录体系构建研究[J]. 情报杂志,2016,35(10):125-130.

[3] 夏志杰,吴忠,栾东庆. 基于社会化媒体的突发事件应急信息共享研究综述[J]. 情报杂志,2013,32(10):122-126.

[4] 罗卫. 电子政务"信息孤岛"新探:基于信息生态的视角[J]. 情报科学,2013,31(1):31-35.

[5] 杜军,李从东. 应急网络组织中的应急情报来源、传递与共享机制研究[J]. 情报理论与实践,2017,40(9):37-42.

[6] 何音,夏志杰,翟玥,等. 突发事件情境下影响媒体官方微博传播的因素研究:基于多分 logistic 回归[J]. 情报科学,2017,35(4):43-47.

[7] 曾宇航. 大数据背景下的政府应急管理协同机制构建[J]. 中国行政管理,2017(10):155-157.

[8] 娄策群,周承聪. 信息生态链:概念、本质和类型[J]. 图书情报工作,2007,51(9):29-32.

[9] 曾大军,曹志冬. 突发事件态势感知与决策支持的大数据解决方案[J]. 中国应急管理,2013(11):15-23.

[10] 杨巧云. 整体性治理视域下的应急情报体系协调研究[J]. 情报理论与实践,2020,43(1):61-67.

[11] 彭彪. 传播新技术的社会风险及其治理[D]. 武汉:武汉大学,2009.

[12] 李燕凌,丁莹. 网络舆情公共危机治理中社会信任修复研究:基于动物疫情危机演化博弈的实证分析[J]. 公共管理学报,2017,14(4):91-101.

[13] 周忠丽. 比较政治学研究中的个案方法:特征、类型及应用[J]. 比较政治学研究,2011(1):98-109.

[14] 优化应急管理能力体系:加强城市防灾减灾体系建设:上[EB/OL]. (2021-10-23)[2022-02-19]. http://www.ce.cn/xwzx/gnsz/gdxw/202110/23/t20211023_37021346.shtml.

[15] 刘帆. 地铁突发事件应急决策系统研究[J]. 情报探索,2016(8):9-12.

[16]河南郑州"7·20"特大暴雨灾害调查报告[EB/OL]. (2022-01-21)[2022-02-19]. https://www.mem.gov.cn/xw/bndt/202201/t20220121_407106.shtml.

[17] 陈玉梅. 协同治理下应急管理协作中的信息共享之关键影响因素分析[J]. 暨南学报(哲学社会科学版),2018,40(12):35-49.

How to Dissolve the Information Island in Crisis Management?: A Single Case Analysis from the Perspective of Information Ecology Theory

Li Yanjiao

Abstract: Information is the basis of communication and effective cooperation among various subjects to deal with the crisis, and is the key to crisis management. How to improve the efficiency of information cooperation, solve the problem of information asymmetry, and break the information island has become the key in the field of emergency management. By studying the "July 20" incident of Zhengzhou Metro Line 5 and starting from the theory of information ecology, this paper analyzes the specific manifestations of information islands in crisis management, namely distress islands, rescue islands and connecting islands, and analyzes problems such as poor information connection, feedback evasion and asymmetric communication. And from the four aspects of emergency coordination mechanism, emergency information construction, crisis communication mechanism, pluralistic and co-governance of social emergency response, put forward the optimization strategy of eliminating information islands, in order to build a collaborative and efficient information community.

Keywords: crisis management; information island; information ecology theory; emergency coordination

网络群体性事件的演化逻辑及治理策略研究

宋雪雪

摘要:互联网技术的快速发展与转型时期社会矛盾的凸显相互交织共同催生了网络群体性事件。网络群体性事件的恶性发展危及社会稳定,其治理已经成为社会治理的重要内容。本文通过文献分析法,借助行动者网络理论对网络群体性事件的演化逻辑进行梳理,将事件过程划分为行动者形成、网络利益联盟形成、网络群体性事件形成三个环节,针对事件发展的各个环节进行深度剖析,从合理处理利益诉求、转变政府维稳方式、完善舆论预警与监管制度、健全法律法规制度、提升媒体职业素养等五个角度提出网络群体性事件的治理思路与策略。

关键词:行动者网络理论;网络群体性事件;网络利益联盟;社会冲突

在社交平台大范围整合社会关系的时代,热点话题爆发式大规模传播所形成的舆论高压通常会催生冲突的产生,社会矛盾一旦喷涌而出常常形成不满甚至对抗。现实中网络群体性事件的治理大多处于低效状态,悬而未决的现实状况是对政府公信力的消耗。2021年国家互联网信息办公室在"清朗"行动专项发布会上提出,通过法治手段实现对网络社会进行有效治理,营造风清气正的网络空间,是推进国家治理体系和治理能力现代化的重要着力点和突破口,惠及的是全球五分之一网民的精神生活[1]。国家层面对净化网络空间的关注要求城市社会治理对网络群体性事件的高度重视,网络群体性事件治理绩效已经成为对我国政府维稳工作成效与建设良好网络生态的重要考验。

一、网络群体性事件的概念

数字时代的到来为信息技术的发展提供了持续动力,互联网基础设施的建设与网络向农村地区"下沉"在一定程度上降低了公众参与网络活动的成本,提升了网络活动的可及性。据中国互联网络信息中心(CNNIC)发布的第49次《中国互联网络发展状况统计报告》可知,截至2021年12月,中国网民规模达10.32亿,互联网普及率达73%。高度的网络普及程度不断提高信息的时间与空间流转速率,信息传播速度的加快、真假信息交错、公众治理参与诉求的不断增强等因素相互交织,共同催生了层出不穷的网络群体性事件。从"重庆公交车坠江事件"等案例中可窥见网络力量在其中的影响。网络信息源的复杂性与多元性,信息流转的互动性、便捷性、开放性与发散性,信息传播环境的虚拟性与隐蔽性致使网络时代"羊群效应"一再出现。

国外学者对于网络群体性事件的针对性研究较少,但是一些研究观点对于国内的研究仍然具有重要的启发意义。现有研究大多包括以下几个方面:从民主政治信息传播的角度研究网络社会,将网络社会概述为一种无处不在的、要素交织的、动态变化的网络系统所呈现的虚实文化,以及形成一种由支配群体所控制的流动的空间;网络社会的崛起彻底转变了公众参与社会表达的空间形式[2],公众充分利用网络信息优势在流动空间内参与政治运动与社会活动;网络群体性冲突是互联网发展的必然结果,网络群体性冲突可以被视为实体空间存在的冲突在网络中的集中体现,它是现实世界冲突向网络世界进行的空间转移,其本质仍是公众对利益诉求的公开表达。有学者认为网络集群行为是存在模糊和虚幻界限的高科

作者简介:宋雪雪(1997—),女,山东临沂人,中国矿业大学公共管理学院(应急管理学院)硕士研究生,研究方向为城市公共安全治理。

技给政治社会所带来的深远影响，这一表达方式着重考虑网络集群行为与政治之间的因果关系。国内学者对于网络群体性事件的概念尚存在一些争议，“网络群体性事件”被提出后又演化出“网络突发事件”“网络事件”等概念。当前国内学者对网络群体性事件的定义众说纷纭，主要集中于三种立场。第一种立场从负面影响角度定义网络群体性事件，认为网络群体性事件是社会公众为谋求共同利益诉求的实现，围绕热点问题，借助网络工具，以网络联结的方式在虚拟空间进行大规模集结、发表批判性言论，进而引起现实社会反应的事件，具有非常态性与威胁社会秩序与稳定的特征。[3]第二种立场与此相反，更关注网络群体性事件背后的正当公众诉求，极力主张对网络群体性事件去污名化，认为网络群体性事件是在社会转型期间部分公众自身权益受到损害时，受制于维权和诉求表达方式的不畅通，运用网络进行信息扩散以引发网民共鸣，引起政府部门关注与介入的事件。[4]第三种立场，学者对网络群体性事件的界定持中立态度，将网络群体性事件界定为一定规模的无组织网民受某一共同刺激的影响，在网络空间进行广泛讨论，并为扩大网络传播范围而做出的群体性努力。[5]

通过文献梳理可见，当前对网络群体性事件的定义大多侧重于其影响的性质，而在网络群体性事件频发的背景下，消解其负面影响的根本还是在于理解其背后的利益诉求。因此，本文将网络群体性事件定义为一定数量的网民基于特定目的，以互联网为媒介传播现实事件，营造舆论环境，进而向社会施压的过程。网络群体性事件具有如下三个特征。一是规模性，网络群体性事件主体不是单个人或少数几个人，而是拥有远超于现实事件的庞大群体的参与，众多网民的围观、点赞、评论、转发“滚雪球”般地形成巨大流量，促使事态规模急速扩大。二是突发性，网络群体性事件的诱因通常是突发的刺激性事件，这意味着事件能量巨大而发生时间难以预料，不同阶层、不同团体的矛盾迅速通过这一导火线爆发出来。三是不确定性，真假信息交错使网络群体性事件爆发过程中既有理性看待问题者，也有传播谣言、跟风谩骂的从众者，事实的不明确致使新闻的反转层出不穷，网络群体性事件呈现出极大的不确定性。

二、网络群体性事件的演化逻辑

物质世界演化都有其自身规律，网络群体性事件也有自身演化逻辑。为探究网络群体性事件的演化逻辑，本文结合行动者网络理论和网络群体性事件案例对网络群体性事件的演化规律进行梳理与总结。行动者网络理论于20世纪80年代中期，由卡龙和拉图尔为代表的社会学家提出。行动者网络理论中的“行动者”既是人，也是非人的存在与力量，在该理论中，每一个行动者都是一个结点，无数结点相联结共同形成巨大的无缝之网。网络中的所有行动者处于平权状态，彼此之间是一种相互认同、相互依存、相互影响的关系，在相互建构中共同演进。参考行动者网络理论，本文构建了网络群体性事件的演化逻辑模型（见图1），借此对网络群体性事件的发展演化过程进行梳理。

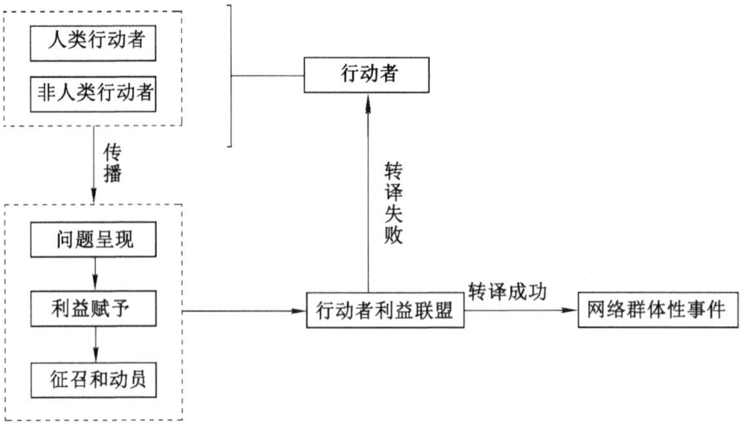

图1　网络群体性事件的演化逻辑模型

（一）行动者构成

1. 人类行动者

人类行动者是指网民和政府机构。对处于社会转型期的中国社会而言，利益格局的调整使各种矛盾潜伏于社会平稳的运行状态之中。网民是网络群体性事件的核心力量，公众因利益受损，或诉求表达渠道不畅，或关注事件长期未解决等原因，将现实事件转移到网络上转变为能够引发更大规模网友共鸣的刺激性事件。[6]网民对事件进行网络形式的关注导致事件不断发酵，滚雪球式地急速扩大空间传播范围。传播范围的扩大又引发更多人产生共鸣，如此循环往复，事件在传播过程中形成较大的舆论压力。政府机构一般会表现出三种取向：一是进行舆论压制；二是静待事件平息；三是积极干预，有关部门启动调查。随着公众整体文化素质的提升与政治参与意识的觉醒，政府对网络群体性事件的行动取向是积极干预。

2. 非人类行动者

网络群体性事件中的非人类行动者主要指公众信息交流平台及网络管理相关的法律法规。各式网络平台与软件是公众获取信息的主要渠道，而网络空间的开放性与可及性正是网络群体性事件发酵的重要前提条件之一。网络环境管理的精细化、合理化程度直接影响事件传播的广度和发酵程度，平台对网络管理的失责使其成为谣言滋生地与网络社会风险培养皿。制定网络管理相关法律法规的目的是规范公众在网络空间的行为与活动，营造文明良好的网络生态环境。但现实网络监管制度中仍存在诸多漏洞，并未实现预期肃清网络空间的效果，这也是网络群体性事件多发的原因之一。[7]网络空间谣言传播的低成本以及公众“法不责众”心理的影响加剧了非理性行为的产生。当前政府与互联网企业正在逐渐规范网络管理相关事宜，2021 年“清朗”行动的开展已经在网络空间初见实效，各网络平台也陆续通过显示 IP 地址、设置监管员与审核员等方式以净化网络空间。在网络群体性事件中，人类行动者和非人类行动者共同构成行动者，行动者将现实热点推广至网络平台，并在网络平台进行传播以引发更多网民共鸣，使事件真正成为社会热点问题。

（二）行动者网络利益联盟的建立

1. 问题呈现

问题呈现是指事件经过大范围传播之后将社会矛盾真正呈现在社会公众面前。转型时期利益主体多元化、利益格局复杂化以及价值取向多样化的趋势一定程度上易激化人民内部矛盾。网络群体性事件实际上是现实社会矛盾外溢至网络空间的体现，换言之，任何网络群体性事件的爆发虽然具有偶然性与突发性，但同时也具有常态性特征。常态性的原因即在于它是社会矛盾的外显化。例如，一些学生在校事件易在网络上引起强烈反响，公众在不明真相的情况下对学校与老师进行舆论谴责。尽管网络“羊群效应”是类似事件爆发的重要原因，但从事件中也可以窥见深层次的学校与家庭、老师与家长之间的矛盾以及社会对这类矛盾的关切。教育矛盾由来已久，且随着经济社会的发展与物质生活的丰富逐渐尖锐化，网络群体性事件层出不穷正是这类矛盾的具象化。因此，化解网络群体性事件的负面影响需要从其根源问题着手，即寻求回应公众合理诉求，缓和社会矛盾。

2. 利益赋予

利益赋予是指网民接收到行动者所传播的信息后，意识到事件涉及自身利益或自身对事件存在较高兴趣，从而对事件中某些观点或涉事群体产生认同或同情心理，最终主动成为行动者中一员的过程。网络基础设施的完善与网络空间的开放性、便捷性和匿名性降低了公众的参与成本，在网络空间中网民将焦点事件与自身经历或所知所想相联系达到情感上的高度共鸣，借助网络扩散愤慨、悲伤、同情等情绪，甚至拓宽传播途径将网络传播转为现实传播。例如，“长春长生疫苗事件”因关乎公民健康利益而引起轩然大波；“成都确诊女孩信息泄露事件”引起公众对于特殊时期隐私安全的关注；“货拉拉跳车事件”使女性夜间出行安全问题随之成为热议话题。利益赋予一方面能够推动公众关注以往忽视的问题，有助于社会制度的完善与社会秩序的稳定，但另一方面利益赋予过程中相关主体容易受虚假信息的干扰，其固有认知偏差促使极端观点成为主流观点，在此背景下网络群体性事件可能进一步演化为现实社会风险。

3. 征召和动员

征召和动员是指事件的行动者借助网络对事件进行广泛传播，目的在于引发公众认同与共鸣，吸收利益网络联盟之外的人成为网络联盟的一员，进而继续扩大事件影响范围。征召和动员与利益赋予的区别在于主体立场不同，利益赋予主体是网络联盟之外的网民，而征召和动员则是网络联盟内的成员采取的主动性行为。征召与动员的对象分为两类：一是网民，网络联盟成员进行信息加工与传播后，依靠情绪渲染或是事件共鸣促使联盟外网民产生认同心理，主动加入网络联盟；二是政府，在焦点事件传播至一定范围，在舆论高压下政府出于维稳的需要多数情况下会对事件做出回应，此时网络群体性事件的性质也由普通网络热点问题向社会问题、政府管理问题或违法犯罪问题转变。政府回应通常会导致两种结果：一是政府回应能够满足涉事群体的利益诉求，及时对事件进行处理并公布处理结果，事件则会逐渐走向平息；二是政府回应流于形式，未触及事件根源进一步激怒公众，事件再次向外扩散，迫使政府再次回应[8]。

4. 转译

网络群体性事件演化过程中，若问题呈现、利益赋予、征召与动员等一系列环节出现差错或中断，则事件转译失败，网络利益联盟无法形成，事件热度随之衰减，传播范围极其有限；若问题呈现、利益赋予、征召与动员等一系列环节环环相扣、层层推进，则网络利益联盟形成。强大的网络利益联盟短时间内迅速引起网络聚焦，现实个体事件最终成功转译为网络群体性事件并推动现实世界做出反应。

三、网络群体性事件的治理策略分析

网络空间的拓宽与网民数量增加给予了网络群体性事件广阔的传播范围，使其成为常态。网络风险不再拘泥于虚拟空间，而是向现实社会蔓延，深化网络群体性事件治理成为构建我国网络风险防范体系的重要组成部分。

（一）深挖社会矛盾根源，合理处理利益诉求

网络群体性事件是现实社会矛盾的外显化，而社会矛盾源于复杂的利益格局、冲突的利益关系与多元的价值取向。因此，网络群体性事件治理的关键即在于利益分配合理化。利益的合理公正分配要求在分配规则正当的情况下，全体社会公众能够平等获得物质利益，分配程序公开透明，分配结果能够被多数公众认可。基层政府是一线工作中的中流砥柱，基层政府应组织民政部门、教育部门、医疗卫生部门等定期对当地进行相关方面调查，分析研判利益分化与利益诉求，关注困难群体与特殊群体的生活与心理问题，以定期走访的方式为其提供基本生活保障与人文关怀。强化政民互动与沟通是政府快速了解公众诉求的另一种方式，政府应着力于畅通政民沟通渠道，借助网络平台设置专门的政民互动板块，建立与完善政务热线、"市长直通车"等沟通平台，联动政务新媒体构建互联互通的信息链条矩阵，以"媒体＋政务"的方式掌握基本民意趋向。同时，政府可以以社会团体、知名人士等民间力量为桥梁，由民间代表综合公众利益诉求并向政府传递诉求，政府意见借由民间力量向公众予以传达，以此构建缓解政民矛盾的多元调解机制。但需要注意的是，利益诉求的处理需要坚守一定的标准，对于超越底线的违规诉求应该予以坚决制止，防止出现政府一再退让，而公众诉求不断加码最终致使政府公信力下降的现象。

（二）主动进行舆情管理，转变政府维稳方式

随着网民数量的增多及公众政治参与意识的增强，政府在面对网络群体性事件时若采取以"堵"为主或是避而不谈的方式已经不能从根本上解决问题，反而会受到更多公众质疑，消耗政府公信力。从根源上控制恶性网络群体性事件需要改变政府维稳方式，政府工作人员应树立互联网思维与意识，在日常工作过程中学习网络舆情管理的相关知识，建立专业的舆情应对团队，随时准备应对网络舆情问题。在网络群体性事件爆发后，政府舆情管理人员利用公共网络平台第一时间表明主动调查的态度和立场，尽快

查明事实真相并做出正面回应，使公众了解事件真实发展原委信息，避免受到虚假信息干扰使事件影响范围进一步扩大。此外，政府应针对事件本身建立平等的协商平台，组织事件当事人进行协商讨论以解决双方之间的矛盾争议，对于超出协商范围甚至是发展成违法犯罪事件时应引入公检法部门进行调查，并将调查结果及时在网络平台发布。在事件终结之后，对于事件最终处理结果应进行公示，以便彻底消除公众质疑，防止事件复发引发更大危机。[9]

（三）完善舆论预警与监管制度，做好网络舆论研判追踪

网络群体性事件并非完全不可预防，从网络群体性事件的整体演化逻辑可知，网络利益联盟的形成离不开事件的发酵与网民的围观，这要求政府加强风险识别能力，强化网络舆论监管。我国当前并未建立完善的网络群体性事件预警制度，这也是导致政府在事件发生后难以处置的原因之一。因此，政府相关部门应建立突发事件的预警机制，预警机制的构建需要根据网络群体性事件的严重性设置级别进行事件分级，在事件发生之后，政府部门根据实际情况将网络群体性事件分类为民意反馈事件、消极性网络群体性事件和网络群体性危机。如果是民意反馈事件，政府需表明自身立场进而进行详细调查即可；对于消极性网络群体性事件及网络群体性危机，政府则需要采取相应的应急预案加以应对。另外，政府可以建立舆情监管部门，运用大数据技术对事件发生过程中的网络舆情进行数据化处理，做好网络舆论的汇总与追踪，深入研判网络舆情走向，根据舆情走向做好事件处理工作。同时，不同部门之间对于跨区域的网络群体性事件应该建立联动机制，以保证各部门的事件回应可以保持意见一致、口径统一，防止加剧网民对官方的质疑导致事件继续恶化。

（四）健全法律法规制度，规范个体与运营商行为

行动者是网络群体性事件的第一传播者，遏制网络群体性事件恶化的关键点就在于对行动者的行为加以规范。2017 年我国实施了《中华人民共和国网络安全法》，这为互联网行业的发展提供了重要的法律标准，但其中涉及约束公民个人行为的限制性规定较少。网民自身素质良莠不齐，接收到信息之后能够进行理性思考的网民较少，更大数量的网民受“法不责众”心理的影响存在借助网络平台不加分辨地传播愤怒情绪或虚假信息的现象。加之网络空间具有匿名性，政府难以追踪虚假信息散布者或传播者，事件传播范围不断拓宽并演化为网络群体性事件。因此，化解网络群体性事件必须健全网络法律法规建设，实现以法治网。首先，应完善《中华人民共和国网络安全法》，明确传播网络虚假信息的处罚措施以对个人传播虚假信息的行为进行限制。同时，在进行相关法规制度建设时，既需要考虑法律实施的效度，也需注意法律的人文关怀，注重从激励、引导的角度使公众意识到如何规范自己的网络言行，而非“法无禁止皆可为”。其次，网络平台运营商也是行动者的重要组成部分，其对平台的管理力度与效度直接影响网络事件的传播范围和恶化的可能性。当前我国法律法规建设与完善速度落后于互联网的整体发展水平，尽管我国已经针对互联网行业出台了一系列法律性限制，但大多都处于地方性法规、规章及规范性文件层面，较低的法律效力使这些文件对互联网行业的管理效力有限，因此应加强对互联网行业国家层面的立法。[10]

（五）提升媒体职业素养，引导公众理性思考

5G 时代的到来加快了互联网的信息传播速度，网络群体性事件的广泛传播离不开媒体的助推，媒体的素质和责任感是促进网络社会和谐发展的重要影响因素。首先，在网络群体性事件爆发之后，媒体可以根据专家意见，引领公众分析事件前因后果并理性思考问题，而非借机依靠未经证实的新闻博人眼球，严守“没有调查就没有发言权”的底线，用批判、客观、理性的目光审视事件本身。尤其是官方媒体，其拥有较于普通媒体更强的公信力，网络群体性事件的发生通常伴随着公众合法权益受到侵害。在日常生活中，官方媒体需加强对公众价值观的引导，帮助公众树立正确的价值观，面对强大的网络舆论能够理性进行思考。在事件发生后，官方媒体应通过信息渠道尽快捕获第一手资料，第一时间进行跟踪报道，使公众了解事件的真实信息。此外，官方媒体应站在公平公正的立场上维护公众的合法权益，针对群体性事件

中的矛盾焦点及相关专家意见，提出合理的解决方案。其次，在网络群体性事件发展过程中，媒体应谨慎对待网民评论，压制网民评论只会适得其反，网民愤怒情绪找不到合理发泄出口会导致事件复杂化。例如“红黄蓝幼儿园事件”发生后立刻受到网民关注，当部分网友的评论被删时曾引发了更多网民的愤怒，舆论压力也曾在一段时间内持续增加。

四、结语

网络群体性事件是网络时代社会冲突的新型表现形式，网络群体性事件的恶性发展使其突破虚拟空间边界危及现实社会的稳定与和谐，网络群体性事件的治理是新时期提升社会治理绩效不可忽视的内容。借助行动者组织理论对网络群体性事件的发展演化逻辑加以梳理可以发现，网络群体性事件的有效治理需要深挖事件背后的社会矛盾根源，合理处理事件当事人的利益诉求；转变政府的维稳方式，及时做出回应，由“堵”向“疏”转变；强化事件预警与舆论监管，划分网络群体性事件等级并以相对应的预案加以治理；完善法律法规建设以规范网民个人与运营商两类行动者行为；提升媒体职业素养，引导公众树立正确的价值观并进行理性思考。

参考文献：

[1] 林伟.净化网络空间是群众拥护又喜欢的实事好事[EB/OL].(2021-05-09)[2022-02-19]. http://news.anhuinews.com/znl1/202105/t20210509_5266714.html.

[2] 刘可文.移动网络社会的崛起：曼纽尔·卡斯特网络社会理论著作解读[J].青年记者，2016(14)：31-32.

[3] 董天策，梁辰曦.究竟是“网络群体性事件”还是“网络公共事件”抑或其他?：关于“网络舆论聚集”研究的再思考[J].新闻与传播研究，2020，27(1)：87-102，128.

[4] 杨斌成，何芝莹.网络群体事件的形成模式与舆论传播机制[J].中州学刊，2013(5)：168-172.

[5] 郝其宏.网络群体性事件类型辨析[J].电子政务，2013(5)：51-57.

[6] 马春庆，赵燕.“网络群体性事件”的界定及防治策略[J].东岳论丛，2017，38(8)：188-192.

[7] 李先知.耦合视角下网络秩序治理路径：基于微博日常网络行动的探讨[J].学理论，2018(3)：187-189.

[8] 杜兴洋，王庆.制度化遣散：群体性事件网络舆情的回应逻辑选择：以浙江海盐垃圾焚烧发电厂事件为例[J].中共云南省委党校学报，2019，20(1)：119-124.

[9] 王赐江.中国公共冲突演变的新趋势及应对思路：基于典型群体性事件的分析[J].中国行政管理，2015(1)：6-10.

[10] 吴志红，邵雪.网络群体性事件应对制度探究[J].行政与法，2018(4)：13-19.

Study on Evolution Logic and Governance Strategy of Network Group Incidents

Song Xuexue

Abstract: The rapid development of Internet technology and the prominence of social contradictions in the transition period have interwoven together to give birth to network mass incidents. The vicious development of network group incidents endangers social stability, and its governance has become an important part of social governance. Through literature analysis and the actor network theory, this paper sorts out the evolutionary logic of network group events, divides the event process into three links: the formation of actors, the formation of network interest alliance and the formation of network group events, and makes an in-depth analysis of each link in the development of events. This paper puts forward the governance ideas and strategies of network mass incidents from five perspectives: reasonable handling of interest appeals, changing the way of government maintaining stability, improving public opinion early warning and supervision system, perfecting laws and regulations, and improving media professionalism.

Keywords: actor network theory; network group incidents; network interest alliance; social conflict

应急管理过程中的社会冲突治理研究

史朝杰

摘要:当今社会处于风险社会,社会冲突更易出现,应急管理成为一大研究热点。社会冲突和应急管理分别具有紧张性和复杂性,二者相碰撞时,将出现较为严重的社会冲突。为了避免上述情况的发生,本文从应急管理过程的11项重点任务出发,思考各项任务中可能发生的社会冲突,归类其表现形式,并分析应急冲突产生的原因,最终得出可以通过完善应急管理制度、实现主体间相互理解、有效利用互联网、增强社会组织功能、建立"安全阀"机制等方法处理应急管理过程中可能出现的社会冲突现象。

关键词:社会冲突;应急管理;冲突治理

当今社会被称为风险社会,具有高度不确定性、弹性降低等特征,较之以往,社会冲突的产生也更为频繁。应急管理主要处理突发事件,涉及风险社会中最具突发性、不确定性的领域。应急处突主要处理客观发生的事件,社会冲突大多是人与人之间发生的矛盾。若在应急处突过程中夹杂着社会冲突,即在处理突发事件的同时还要处理突发情绪,事件的激烈性与复杂性一般较大。为了避免上述情况的发生,需要将应急管理与社会冲突有效结合,进一步研究并概括出在应急管理领域具有较强解释性的社会冲突形式,并在此基础上找到相应的解决措施。

一、文献综述

社会冲突是社会学的基础概念之一。社会冲突理论从本质、起因、结构、功能等方面剖析社会问题,以求寻得缓解社会矛盾、解决社会冲突的方法。社会冲突是基于价值观念的争斗或者对地位、权力和稀缺资源提出诉求的激烈争斗,现有关于社会冲突的研究主要探讨了社会冲突的分类、成因和化解等方面。

关于社会冲突的分类,不同学者有不同的分类方式。例如,根据抗争主体、体制类型、制度化程度、暴力程度、地方性或公共性的差异区分社会冲突类型;从冲突根源视角将其分为利益性冲突和参与性冲突,或分为问题性冲突、关系性冲突和结构性冲突[1];从矛盾的演化视角将其分为显性冲突和隐性冲突[2];根据阶段特征将其分为现实性冲突和非现实性冲突[3];根据不同层面将其分为国家层面社会冲突、个人层面社会冲突和介于两者之间的中间层面社会冲突[4];根据涉及的社会领域将其分为经济冲突、文化冲突和政治冲突等[5];以网络青年亚文化为研究对象,可将其分为外在性冲突、内生性冲突和间接性冲突[6];以非和谐为表征,可将其分为群体冲突、官民冲突和族群冲突[7]。此外,学者们还对环保类社会冲突、旅游社会冲突、乡村社会冲突、农民工社会冲突等各类型的社会冲突进行了研究。

不同学者对于社会冲突的成因也有着不同的看法。有学者从社会静态平衡角度阐述了辩证冲突的理论思想,认为社会冲突的根源是特定的社会结构。社会冲突具有一定的强烈程度,其中,强度的影响因素有团队的重叠程度、权威关系与其他报酬分配的相关程度、社会流动性的程度;烈度的影响因素有社会经济的剥夺情况与冲突的控制方式。有学者通过建构结构条件、动员机制与互动过程这三种视角相结合

作者简介:史朝杰(1999—),女,江苏无锡人,中国矿业大学公共管理学院(应急管理学院)硕士研究生,研究方向为应急管理、社会治理。

的综合分析框架，来得到对社会冲突产生原因的全面理解[8]。还有学者将社会冲突的成因分解为事实性诱因和情感性诱因[9]。

关于社会冲突的化解，有学者研究依托互联网而产生的社会冲突治理新渠道[10]；有学者认为要利用好大数据时代的知识和技术优势，从知技结合和整体安全治理两个层面实现社会冲突风险感知与管控，以此防范社会冲突风险[11]。

综上，现有研究涵盖不同的分析层次，涉及不同的研究领域，却很少将应急过程与社会冲突结合在一起展开研究。并且，现有研究中的社会冲突大多指冲突主体积累不满情绪，最终爆发形成冲突。这类冲突的产生时间跨度较长，且冲突产生前处于相对缓和的环境中。本文研究的社会冲突产生于应急过程，既处于应对期较为紧张的环境中，又处于恢复期较为缓和的环境中。

二、应急管理过程中社会冲突的表现形式

应急管理可分为事前、事中、事后三个阶段，包含 11 项重点任务。其中，事前阶段的任务包括源头防范、风险管控、应急准备；介于事前阶段与事中阶段之间的任务是监测预警；事中阶段的任务包括事态研判、信息报告、决策部署、组织指挥、舆论引导；事后阶段的任务包括恢复重建、调查学习。在这 11 项任务中，应急准备、事态研判、信息报告与舆论引导贯穿突发事件应对的全过程。

（一）研究设计

本文从政政互动、政民互动、政企互动、政专互动、政社互动等 5 种互动关系出发，将其与应急管理过程中的各任务相结合，分析得出与这 5 种互动关系相对应的应急任务（见表 1），并探讨在相应的应急任务中发生社会冲突的可能性以及具体表现形式，为后续研究做铺垫。

表 1　互动关系及其对应的应急任务

互动关系	涉及任务
政政互动	源头防范、应急准备、监测预警、信息报告、决策部署、组织指挥
政民互动	风险管控、应急准备、监测预警、决策部署、舆论引导、恢复重建
政企互动	源头防范、应急准备
政专互动	风险管控、事态研判、决策部署
政社互动	组织指挥、舆论引导

（二）应急管理过程中社会冲突的表现形式

根据政政互动、政民互动、政企互动、政专互动、政社互动等 5 种互动关系，可以得出 5 种冲突形式，本文将其定义为关系冲突、情感冲突、利益冲突、隐性冲突和参与冲突。

1. 政政互动：关系冲突

本文中，政政互动指上下级政府、同级政府或政府部门之间的互动。在应急管理过程中，由于大部分突发事件只是在某一区域发生，涉及范围小且严重程度低，因此上下级政府与同级政府之间较少因小突发事件而互动。而当发生较为严重的、涉及范围大的突发事件时，即当上下级政府或同级政府之间产生互动时，考虑到事件的严重性，政府间可能产生推诿现象以保护自身的权威。政府部门之间的互动大多发生在事中，在决策部署过程中，不同部门的人员由于观点想法不一致，容易产生争论；在组织指挥过程中，由于应急资源分配的不均，可能会导致有的地方人员紧缺，有的地方人员过剩；或是有的地方物资紧缺，有的地方物资过剩，从而产生部门间的冲突。因此，在应急管理过程中，因政政互动而产生的社会冲突主要表现为关系冲突，即由于冲突双方存在密切联系，因而容易以这一层关系为中介产生区别于其他冲突的，独属于组织内部的冲突。

2. 政民互动:情感冲突

本文中,政民互动指政府与公众之间的互动,其中公众又可以分为受难者、参与者和旁观者。参与者指事发现场的公众以及受难者的家属,旁观者指与事件无直接关联,但通过网络等形式发表评论的公众。以疫情为例,政府与受难者之间,被隔离公众对隔离餐、隔离环境等的不满容易产生不平衡的情绪,从而与政府产生冲突。政府与参与者之间,由于参与者与事件密切联系,因而容易产生紧张、焦急等激烈的情绪,在情绪的带动下容易与救援人员发生冲突。政府与旁观者之间,旁观者的目的是希望突发事件可以迅速解决,事后能够妥善安置与补偿受难者,而当政府无法回应旁观者的要求时,旁观者便会质疑政府,产生愤怒的情绪,从而产生冲突。因此,在应急管理过程中,因政民互动而产生的社会冲突主要表现为情感冲突,即冲突主体内心不断累积复杂情绪,最终释放不满情绪,希望达到自己的目标。

3. 政企互动:利益冲突

本文中,政企互动指政府与企业之间的互动,这种互动经常出现在事前的源头防范和应急准备中,企业作为政府项目的承包商与政府产生互动。在源头防范和应急准备过程中,不仅需要生产商生产足够量的应急物资和装备作为储备,还需要具有一定科研能力的企业或高校创新物资装备(尤其是消防装备和防汛装备),提高装备的性能,进而提高救援的效率与成功率,减少突发事件造成的伤亡。因此,政府时常把这些项目外包给企业或高校,而外包过程中涉及的利益包括政府预算与企业收入两个方面,政府会尽可能地降低支出,企业希望获得较高的收入,双方本质目标相反,在协商的过程中便容易产生冲突。因此,在应急管理过程中,因政企互动而产生的社会冲突主要表现为利益冲突,即冲突双方的目的是为自身争取更多的利益。

4. 政专互动:隐性冲突

本文中,政专互动指政府与专家之间的互动,这种互动经常出现在事态研判、决策部署和风险管控中的风险评估中。在进行重大决策时,政府需要听取各方面的意见,不乏参考专业人士的专业意见。在操作具有专业性的步骤时,例如进行风险评估,也需要利用专业人士或机构的专业知识。专家作为第三方,提供的是参考意见,至于意见的采取程度则取决于政府。政府与专家对事件的理解不会完全一致,因此对于专家提出的意见,专家和政府或许都认为是可取的,但可取的"量"有时存在差别。当政府并未完全采取专家的意见时,专家的权威性或许会受到挑战;而当专家的意见并非完全有用时,作为采取措施的政府的权威性也会受到挑战。因此,在应急管理过程中,因政专互动而产生的社会冲突主要表现为隐性冲突,即冲突双方的碰撞并不激烈,受到影响的也并非实质性的利益,而是偏向于评价一类。

5. 政社互动:参与冲突

本文中,政社互动指政府与社会组织之间的互动。社会组织作为政府与公众之间的桥梁,其与政府的互动经常出现在事中救援与事后的恢复重建中。在事中救援过程中,社会组织在事件现场起着辅助的作用,但由于它是第三方组织,在与政府协作的过程中,难免会发生摩擦。尤其是在事后的恢复重建中,社会组织是站在公众一边、为公众谋求利益的组织,当公众与政府发生冲突时,社会组织作为中间一方,与政府和公众双方的关系都会变得较为尴尬。在舆论引导过程中,社会组织尤其是媒体本应发挥重要的作用,但舆论的产生可能就是由于部分媒体的虚假、夸大宣传,使得公众被误导,激起民愤。因此,在应急管理过程中,因政社互动而产生的社会冲突主要表现为参与冲突,即社会组织大多是夹杂在冲突双方之间的存在,或作为中介难免经历冲突,或作为冲突的推动者导致冲突加剧。

三、应急管理过程中社会冲突产生的原因分析

应急过程中社会冲突的表现形式包括关系冲突、情感冲突、利益冲突、隐性冲突和参与冲突等,除了上述提到的 5 种互动关系外,实际上还存在公众之间的互动、公众与企业之间的互动等,虽然因为在应急过程中这些互动占比较小没有全面列举,但其在互动中表现出的冲突形式已包含在上述 5 种冲突内。

（一）利益冲突

利益主体的多元性赋予“利益”一词丰富的内涵与外延，除了经济利益以外，社会地位、声望尊严等都可以纳入利益的范畴。发生突发事件时，政府部门之间的推诿现象、政府与企业间的责任推卸是因为政府与企业都在意自己在民间的声望，担责的同时要受到公众的指责。政府与企业间的利益冲突还源自二者的经济利益冲突，在项目外包的过程中，政府的节约预算和企业的增加收入产生了矛盾，一方利益的增加将导致另一方利益的减少，为了自身利益最大化，双方很难做出退让，从而产生冲突。政府与专家之间的冲突则是因为触及了彼此的权威，虽然发生的可能性较小，但也可归于利益冲突。

（二）资源挑战

与“利益”这一概念类似，社会冲突理论中的资源概念外延较广，除了经济资源外，凡是对个体或集体有益的、可以满足需求的要素都可以称为资源。资源的有限性以及资源配置的不合理性是产生冲突的原因。一方面，在突发事件的事中救援中，物资装备的不合理配置将拉长救援时间，即使进行调整也将打乱救援程序，扰乱部门秩序，导致救援工作的低效，甚至造成不必要的伤亡，进一步引起政府与公众之间的冲突。另一方面，在突发事件的事后恢复重建中，资源的有限性也将使得受难民众的补偿不到位，若遇到地震、疫情等大型灾害，将面临临时居住地、医院等场所的紧缺，导致公众的不满，形成政府与公众间的冲突。

（三）认知偏差

观念作为文化的一种表达，当其主体隶属于不同生活世界或社会群体时必然会产生差异，这种差异体现在主体对待客观事物的方方面面[12]，主体对客观事物的认知差异是引起冲突的重要原因。在突发事件的事中，政府的目标是救助人群，减少突发事件造成的损失，政府重视的是生存率和损失率；而相关公众由于受到惊吓产生紧张、害怕的情绪，需要安抚，公众重视的是安全感和事后补偿。当二者发生冲突时，例如公众急于寻求答案，问清发生了什么，而救援者忙于救援，表现出看似“冷漠”的情绪，这时公众便会产生无助的情绪，不安感迅速提升，进而爆发冲突。当公众为保护自身合法利益而试图寻求政策援助，却无法从现有的制度体系中获取有益的答复，无法通过法律渠道表达自身诉求时，他们也有可能采取极端的集体行动，造成冲突的螺旋式上升。

（四）网络谣言

凭着快速、开放等传播优势，互联网继报刊、广播、电视三大媒体之后，被形象地称作“第四媒体”，并迅速成为公众获取外界信息的首选渠道。由于互联网平台，如微博、微信等，缺乏严格的信息把关，一些自媒体喜欢转载和发布能够吸引眼球的新闻，甚至捏造虚假信息。尤其是在发生突发事件时，自媒体的这种行为将会夸大真实的社会冲突问题和现象，使得原本可能只是小冲突的事件被放大与曲解，引起网民的愤慨与抨击，加剧了公众的社会冲突意识。谣言导致的社会冲突爆发性强且持续时间长，若遇政府公信力不足的情况，公众甚至出现不愿相信政府辟谣的现象，导致事态愈演愈烈。

（五）结构失衡

美国社会学家罗纳德·博特认为，社会网络中存在着结构洞。结构洞指社会网络中的空隙，社会网络中某个或某些个体和有些个体发生直接联系，但与其他个体不发生直接联系，无直接关系或关系间断，从网络整体看好像网络结构中出现了洞穴。例如，对于三个行动者A、B、C来说，如果A和B有联系，A与C有联系，但是B和C之间不存在联系的话，那么B和C之间就相当于存在一个洞。A、B、C之间关系的这种结构就是一个结构洞。A是结构洞的中间人，如果缺乏这个中间人，就不可能形成发达的社会网络。在应急冲突中，社会组织作为政府与公众之间的中间人，虽然实际存在，但其发挥作用的大小也将决定社会网络结构的稳固程度，而政府与公众之间的冲突也证明，社会组织的功能还有待加强。

四、应急管理过程中社会冲突治理的建议

在冲突治理的不同时期，我国分别提出了三个不同的治理目标——“维稳”“维权”与“维安”，在以上目标的约束下，分别做出了冲突控制、冲突化解和冲突转化三种不同的冲突治理策略，当冲突控制手段过度运用时，会将政府推到冲突主体的位置，而相应地忽视了社会公众、社会组织的作用[13]。因此，需要综合考虑三种不同的冲突治理策略。

（一）完善应急管理制度

制度是我国社会治理工作的重要保证和依据，也是影响公众利益的重要因素，制度规定了公众对社会资源的获取、占有方式，能够约束冲突双方，避免破坏性冲突的产生，也能促使冲突得到有序化解。针对性、合宜性、科学性较低的制度，不但不能回应公众的合理利益诉求，而且极易引发社会冲突。因此，制度是否科学合理至关重要。相关部门应根据不断发展变化的社会经济环境，对关系到公众重大利益的制度及时加以修正，并且在修订过程中积极听取广大群众的意见。在应急管理领域，可以制定相关预案，或在相关预案增加“社会冲突”内容板块，为可能发生的冲突做准备。对于应急过程中易发生冲突的场景，例如政府与企业的利益分配、救援过程中的资源分配等，也可以事先制定相关规范性制度，并通过模拟实践和专家评估判断其可行性。这样一来，在实际操作时便能够按规办事，减少冲突的产生。

（二）实现主体间相互理解

一方面，应善于和冲突主体中的领头人交谈。社会冲突具有两重属性，对社会治理既有正向功能，又有负向影响。社会冲突的正向功能主要体现在对社会群体具有内部整合功能，会加强群体意识。内部整合功能使得冲突主体中必然存在一个担任领导角色的人，直接与他进行交流沟通能够暂时平稳冲突主体这一群体的行动，从而有效抑制社会冲突的负向影响。另一方面，应转变主体观念。冲突具有普遍性和客观性，承认冲突是调解矛盾的重要前提。转变冲突主体观念，帮助冲突主体准确客观地认识问题的根源是解决问题的重要途径之一。一是通过提高认识化解认知性误区，转变消极思想观念。二是通过转化零和利益解决感情性冲突，即通过将零和利益转化为非零和利益。要将零和利益转化为非零和利益，要开发个人潜在的利益，把一元利益转化为多元利益，把短期利益转化为长期利益。

（三）有效利用互联网

一方面，要加大互联网中社会冲突信息的监测和引导，及时发现和回应互联网社会冲突问题和现象，控制舆论，防止极端化，对歪曲事实的自媒体也应予以惩罚，遏制不良现象；另一方面，要积极开展网络素养教育，全面提升公众对网络信息的识别能力，形成对社会冲突的理性认知。此外，有研究发现，互联网使用显著负向影响居民的社会公平感、政治信任感和社会信任感，而社会公平感、政治信任感和社会信任感又负向影响居民的社会冲突意识，且社会公平感和政治信任感的中介效应较大[14]。因此，除引导公众有效使用互联网外，提升公众的社会公平感和政治信任感也尤为重要。近年来互联网上还出现了“网络戏谑话语”这一说法，通过戏谑的文字、漫画等方式引起网民的共鸣，从而争取网络话语权[15]，政府应引导公众正确地运用网络戏谑的方式，避免中伤政府和社会，防止引起恐慌。

（四）增强社会组织功能

一方面，加强社会组织的整合功能。社会组织是民间社会网络得以拓展的重要途径，良性的社会组织能够通过建立广泛的网络，拓宽参与渠道与范围，逐步建立一种合作关系的发展模式，促进社会冲突的化解，目前的社会组织功能还有待进一步提高。另一方面，加强社会组织的辅助功能。突发事件现场需要有角色扮演公众情绪的调节器，以抑制政府与公众间产生冲突的可能性，社会组织恰好可以胜任这一角色。若没有可以直接扮演这类角色的社会组织，应在相关社会组织中增加相应的角色，或直接另外成立独立的社会组织来承担协调职能。此外，媒体内部也应形成正确的价值观，在发生社会冲突时，媒体应起到正确的引导作用，应承担公众代言人的角色，为公众争取话语权，同时引导政府部门倾听社情民意。

（五）建立“安全阀”机制

社会安全阀制度的内涵在于提供疏导非现实性冲突和非敌意冲突的渠道，从而防止敌意被积累最后导致群体、人际间关系被破坏[16]。为此，需要建立完善的主体间沟通渠道。首先，完善信访制度，畅通公众信访渠道，降低公众信访成本；建立民意调查制度、听证会制度等，进一步收集公众意见，倾听公众呼声。其次，跟随时代潮流，有效开发互联网这一沟通渠道。官方可以开通微博、微信等账号，开放评论与留言，供他人表达自己的意见，或宣泄自己的情绪，防止社会冲突的产生。最后，在应急冲突中增加公众的参与感。参与协作能够为冲突双方提供沟通交流的渠道，起到促进冲突双方换位思考的作用，在协作中了解各自的工作内容，形成一定的价值认知和共识，便于相互理解；参与协作还能在一定程度上提升公众的责任感，以抵消部分负面情绪。

五、结论

社会冲突是一种常态，试图寻求一个完全没有冲突的社会只能是美好的愿望，现实中是不可能存在的。虽然社会冲突不可避免，但社会冲突不仅具有负面影响，还有着正向功能。社会冲突是社会的“安全阀”，能够对社会发出预警。本文通过研究分析提出了应急管理过程中不同社会冲突治理的相应建议，例如完善应急管理制度、实现主体间相互理解、有效利用互联网、增强社会组织功能、建立“安全阀”机制等。这些应急处突建议虽然还不够全面与成熟，但也让我们知道，只要我们做到具体问题具体分析，采取灵活处置方式遏制负向功能、发挥正向功能，那么即使是社会冲突与应急管理这两个急迫性的问题相碰撞，也是可以妥善预防和解决的。当然，对于应急管理过程中的社会冲突，我们虽然不用畏惧，但也不能掉以轻心，要妥善处理，避免衍生出一系列的后遗症。

参考文献：

[1] 原珂.公共冲突治理视域下中国社会治理制度建设的反思与前瞻[J].江海学刊，2021(6)：131-138.
[2] 曲纵翔，祁继婷.政策终结：基于正反联盟的利益冲突及其协调策略[J].中国行政管理，2016(12)：94-99.
[3] 马磊，刘芳.参与式治理：乡村社会冲突的解决策略[J].领导科学，2021(12)：32-35.
[4] 梁枫，任荣明.基于家庭阶层流动的社会冲突影响因素研究[J].上海交通大学学报(哲学社会科学版)，2017，25(1)：96-105.
[5] 胡锐军.马克思主义社会冲突思想及其复合效应的系统性观照[J].毛泽东邓小平理论研究，2017(2)：73-80.
[6] 平章起，魏晓冉.网络青年亚文化的社会冲突、传播及治理[J].中国青年研究，2018(11)：35-41.
[7] 戴海波，杨惠.论社会冲突性议题建构中的媒体公共性[J].新闻界，2017(3)：57-64，103.
[8] 金桥，孙冰.城市社会冲突的产生逻辑：结构条件、动员机制与互动过程：以X市通道纠纷事件为例[J].社会发展研究，2020，7(2)：153-177.
[9] 代佳欣.城市公共资源配置失衡：农民工社会冲突成因的一种新解释[J].城市发展研究，2017，24(2)：98-103.
[10] 许尧.社会冲突治理的网络渠道：比较优势及其发挥[J].南开学报(哲学社会科学版)，2020(3)：37-45.
[11] 温志强，李永俊.大数据环境下社会冲突的风险感知与预警[J].上海行政学院学报，2019，20(5)：80-88.
[12] 陈思.教学改革中的教师观念冲突及境遇分析[J].当代教育科学，2020(1)：37-41.
[13] 徐彬.社会安全视域下“冲突后遗症”的再治理[J].学习与实践，2017(11)：74-81.
[14] 薛可，余来辉，余明阳.互联网对中国城乡居民社会冲突意识的影响[J].西南民族大学学报(人文社科版)，2018，39(4)：136-144.
[15] 李梦雨.科塞“社会冲突理论”视域下的网络戏谑话语功能研究[J].新闻爱好者，2017(11)：94-96.
[16] 尹新瑞，王美华.科塞社会冲突理论及对我国社会治理的启示：基于《社会冲突的功能》的分析[J].理论月刊，2018(9)：170-176.

Research on Social Conflict Governance in Emergency Management Process

Shi Zhaojie

Abstract: Today's society is in the risk society, social conflicts are more likely to appear, emergency management has become a major research focus. Social conflict and emergency management have tension and complexity respectively, when they collide, more serious social conflict will appear. In order to avoid the occurrence of the above situation, this paper starts from 11 key tasks in the process of emergency management, considers the social conflicts that may occur in each task, classifies its manifestations, and analyzes the causes of emergency conflicts. Finally, it is concluded that the possible social conflicts in the process of emergency management can be dealt with by improving the emergency management system, realizing mutual understanding among subjects, effectively using the Internet, enhancing the function of social organization, and establishing the "safety valve" mechanism.

Keywords: social conflict; emergency management; conflict governance

基于风险普查成果在应急预案编修和管理中的应用研究

庞亚平

摘要：第一次全国自然灾害综合风险普查是一项重大的国情国力调查，是提升自然灾害防治能力的基础性工作。因而，用好风险普查成果，于国于民都有着极其重要的价值和意义。本文从应急预案编修前、编修中、编修后三个阶段探讨风险普查成果在应急预案管理领域的应用价值，并就现行应急预案中存在的功能定位不清、内容质量不高、动态管理滞后、评审演练应付等编修问题提出风险普查成果应用给予的程序线和内容面解决方法，以期促进风险普查成果与应急预案文本的深度融合，加快应急预案管理数字化和动态化的步伐，激发原有应急治理思维模式变革，进而实现灾害管理向灾害风险管理转变。

关键词：风险普查成果；应急预案编修；应急治理

通过组织开展全国自然灾害综合风险普查（简称风险普查），摸清全国自然灾害风险隐患底数，把握自然灾害风险规律，为国家和地方各级政府有效开展灾害综合防治和应急管理工作、切实保障社会经济安全发展提供科学决策依据。同时，参与风险普查的各涉灾部门，通过形成其所管理的主要自然灾害风险要素、重点隐患、风险评估和防治区划等成果，能够为开展主要自然灾害的应急指挥、救援协调、应急预案管理、监测预警、物资调配、灾情评估等提供科技支撑。[1]

2018年10月10日，习近平总书记主持召开中央财经委员会第三次会议，研究提高我国自然灾害防治能力等问题，部署"九项重点工程"，并将灾害风险调查和重点隐患排查工程列为第一项工程。随后，风险普查历经试点、培训等工作流程相继展开，国家和地方逐渐取得了一系列的风险普查成果[2]。为响应和落实《国务院办公厅关于开展第一次全国自然灾害综合风险普查的通知》中所确立的"边普查、边应用、边见效"基本原则，促进风险普查成果与当地实际情况更好融合应用，各地陆续提出了具有自身特色的应用思路和途径，例如天津市出台"1＋3＋11"模式实施方案中的《天津市普查数据与成果应用实施细则》，梳理了43个成果应用方向；杭州市临安区结合数字化改革，积极探索"1＋N"方式推进自然灾害风险普查成果应用；泰州市兴化市开展风险普查成果的应用开发研究，探索建立了"多类型、多形式"的风险普查成果运用体系等。

因此，本文基于已经获取的风险普查成果及其各地正在加紧摸索其在相关领域的应用实践，尝试探索以下若干问题：能否将风险普查成果应用到应急预案编修（编制和修订）和管理中？普查成果的应用会给应急预案编修和管理带来什么影响？如何将风险普查成果更好应用到应急预案编修和管理领域？

一、风险普查成果在应急预案编修和管理中的应用价值

不难看出，很多地方基本上已经完成了对本地所采取的自然灾害综合风险普查工作，同时经过了有

作者简介：庞亚平，（1995—），男，河南永城人，中国矿业大学公共管理学院（应急管理学院）硕士研究生，研究方向为应急预案管理、分布式治理。

关部门的验收,并在此基础上充分挖掘风险普查数据潜在的价值,加强风险普查成果的应用效果。风险普查成果对于全国和各地区的灾害防治能力提升、社会治理体系优化以及经济发展稳步前进等有着非常重要的现实意义,并且全国和各地方已经开始并加强了对风险普查成果应用效能的探索。由此,本文将在应急预案的编修和管理领域对此做出具体探讨,明确风险普查成果的应用价值,以便以全新的眼光和视野去推进风险普查成果的落地成效。

(一) 应急预案编修前——风险普查是应急预案编修的预备和前序

没有调查就没有发言权。每一项应急预案,无论是综合应急预案还是专项应急预案,在其编制和修订前,都需要对应急预案适用的范围和对象进行风险评估,风险评估过程包含风险普查。因而,在编修自然灾害防治相关的应急预案时,所要做的首要工作则是先进行自然灾害风险普查。

由此,本次风险普查合乎应急预案编制和修订的需求,为应急预案编修工作的正常推进做了应有的调查和准备。很显然,这在一定程度上既彰显了风险普查成果的实际应用价值,又证实了优质高效的风险普查工作是应急预案编修程序中不可或缺的重要一环。

(二) 应急预案编修中——风险普查成果为应急预案的更新和管理提供方向性指引

毋庸置疑,此次全国自然灾害综合风险普查对于应急预案的科学化和准确化编修有着先导性的作用。其中,就应急预案内容而言,要确定应对哪些风险以及这些风险的严重程度如何,对此该如何进行有效的监测和预警、如何进行精确的响应级别判定、如何配置救援人员和物资等都离不开先前翔实的风险普查数据和风险分析作为指导和依据。同理,应急预案能否得到及时有效的更新也取决于前期风险普查工作的进展情况;风险普查所形成的成果将为应急预案的修订提供新的数据支撑和方向指引,使得应急预案更具针对性、更加适合本地实际现状。

另外,风险普查过程中所运用的现代化科学技术手段和工具,为了方便高效管理海量数据所形成的风险普查系统或平台,可为应急预案管理思维和方式的变革增添动力。风险普查数据的线上整合、归类和分析除了能为应急预案编修提供支持、带来变更外,还能助推应急预案本身的数字化和应急预案管理的动态化。比如,应急预案管理可以借助大数据、云计算、"互联网+"等新兴技术,参照并连接风险普查系统,尝试开发应急预案线上管理系统,先对辖区内所有应急预案进行数字化转换、电子化导入,再对其进行分类、划分,建构出可在线查看、编辑的管理平台,实现应急预案随风险普查成果动态化更新和管理的效果。

(三) 应急预案编修后——风险普查成果诱发原有治理思路和模式做出调整和优化

第一次全国自然灾害综合风险普查的开展,可以逐步构建起自然灾害综合风险管理模式,实现有效的关口前移,提高自然灾害的监测预警预报能力、综合风险研判与应急指挥能力、应急物资调度能力、条块间协同运作能力、灾后恢复重建能力,真正体现出风险防范的效益。[3] 同样,风险普查成果不仅可以作为应急预案编修和管理的先导和依据,还可以萌生和强化新的应急治理思路和理念,由原来注重灾害管理过渡到注重灾害风险管理,亦是在编修成型的应急预案基础上更加关注灾害风险的预防和管控。

如果能在应急预案启动之前把风险控制在一定范围内,不必动用大批人员和消耗大量装备物资就可以将其有效化解,那么将会大幅缩减应急预案启动所带来的一系列成本,也会有效避免更大灾害爆发所造成的人员和财产损失。其中,应急预案编修前风险普查工作就显得尤为重要。因而,风险普查自身体现出的防灾减灾理念对于预防型应急治理的思路强化及其路径推进则会起到很大的激励作用。

二、现行应急预案编修和管理中存在的主要问题

虽然我国在应急预案体系建设领域已取得了较为丰硕的成果,但由于自身应急管理工作起步较晚,相较于国外发达国家系统化的理论体系和丰富的实践经验,应急预案编制和管理中还存在着以下几种常见问题。

（一）应急预案功能定位不清，思想认识程度偏低

应急预案编制的真正目标应定位于解决实际问题。[4] 目前应急预案的编制往往倾向于完成上级领导的检查和完成政绩考核任务。倘若应急预案编制的象征意义越来越强，其应用功效不断下降，就很难在防范和应对突发事件中发挥应有的作用。压力偏大、水平欠缺等限制性因素是浅层次原因，更深层的原因在于个别负责应急预案编制的领导缺乏科学应急思维，对应急预案的重要性认识不足。在实际的编制工作中，仍有少数领导没有坚持风险防范意识和底线思维，将应急预案简单定义为应急处置的参照，既不注重风险分析、预防准备、应急保障等风险防控措施，也不注重应急预案的实效和全过程应急治理。同时，一些人还存在着侥幸心理，即使在应对灾害风险时也只会凭过往经验或自我感觉工作，将应急预案抛在脑后，使得应急预案变成了束之高阁的文本。

（二）应急预案内容质量不高，实际操作难度较大

随着我国应急预案体系建设的不断发展，各项应急预案的编制数量快速增长，但应急预案本身的质量水准相对偏低，在应对突发事件时缺少应有的指导意义和实用价值。

1. 应急预案内容同质性较为突出，针对性和操作性不强

一些应急预案缺少对当地实际和特点进行翔实的调查、分析和研究，存在上下应急预案"一般粗"、形式和内容雷同、具体操作描述含糊等问题。比如，政府应急预案一般包含总则、组织体系、运行机制、应急保障、监督管理、附则等部分内容，有的下级部门在此格式的基础上照搬照抄其中的内容，只对省、市、县不同的应急响应和处置场景做简单修改，原则性描述较多、区域风险特点和实际操作叙述较少。

2. 应急预案编制程序和环节不周密，风险评估工作不到位

应急预案应该注重灾害风险前期、中期、后期的全过程防范和应对，[5] 而不少应急预案在编制过程中仍然存在"重救轻防"的现象。风险分析和评估是应急预案编制的基础，应该将风险隐患排查放在首位，做好监测预警和应急准备工作。若相关部门在编制应急预案前未将科学细致的风险分析和应急能力评估做扎实，那么应急预案将很难发挥"知己知彼，百战不殆"的功效。

3. 应急预案编制队伍业务不熟，难以凸显地方特色

若制定应急预案的人员自身专业素质欠佳，对应急预案的框架结构、组织运转、分级标准、应急保障等内容认识笼统和理解浅显[6]，使得应急预案仓促成稿、上下趋同、"纲领性"和"宣言性"浓厚等毛病突出。另外，若编制人员的不专业，应急预案内容的专家论证性不足，将使得应急预案的科学性和可行性大打折扣，偏离了应急预案有效应对风险和解决危机的实用轨道。

（三）应急预案间缺少衔接性，自身动态管理滞后

应急预案效果的充分展现离不开多个部门的协调和配合，需要彼此之间综合协同、应急联动。现行应急预案体系中，各级别、各类别应急预案的协调性差，各应急预案缺乏协调联动，导致各级政府、部门难以协调共同应对危机。譬如，在面对某个多类型复合型突发事件时，一般会涉及各种各类大大小小的应急预案[7]，如果不能第一时间统筹协调各部门，不能将多个应急预案有机衔接起来，就很难充分利用有限的应急资源及时有效地开展应急处置和救援工作，从而避免灾害风险和伤亡损失扩大化。

应急预案不是一成不变的，它会随着经济的发展和环境的变迁而相应做出调整和变化。因而，只有及时更新和修订应急预案，才能更好地适应社会进步的需要和安全发展的需求，真正起到防范化解、有效应对风险的作用。但很多应急预案成了应付上级检查和政绩考核的文本，没有进行后续必要的实效评估和反馈修订，逐渐使应急预案与实际情况发生偏离和脱节。目前，面对新一轮应急管理机构和职能变革有序推进以及各种风险挑战交织叠加的大环境，政府迫切需要扭转应急预案评估迟缓、动态性不足的局面，增强应急管理的工作效能和应急预案的实际效用。

（四）应急预案评审把关不严，应急演练流于形式

为保证应急预案的科学性、合理性以及与实际情况的符合性，应急预案必须经过评审，包括组织内部

评审和专家评审，必要时请上级应急机构进行评审。[8]然而，一些领导干部为了加快应急预案的编制流程或者急于看到工作成效，再加上平时行政事务繁多而没有足够的时间和耐心严把应急预案评审的质量关，导致辖区内的风险隐患在应急预案防治中体现不明显、专家意见得不到高度重视以及应急预案的后续操作和执行困难等一系列问题。

如果说风险评估是编制和修订应急预案必不可少的基础性工作，那么应急演练则是检验应急预案是否有效的重要手段。通过实际模拟和演练，可以使领导干部和各方应急管理人员置身于实战情境中，增强角色定位意识，明确知悉自己所在岗位的职责和所应承担的责任，及时发现并修正应急预案与实际工作之间的差距以及演练过程中存在的不足，最终在吸取经验教训的基础上，切实提升组织动员和处置风险的应急水平和能力。当前，很多应急预案往往缺少真正意义上的应急模拟演练，重“演”轻“练”或演练流于表面功夫很难起到有效检验应急预案、锻炼队伍和提高突发事件处置能力的作用[9]。

三、风险普查成果应用在应急预案编修和管理中的作用

应急预案编修和管理工作是一项系统工程，要以系统思维为指导，充分应用系统工程方法和工具，客观分析、研究应急灾害风险的内在规律，制定相应的应对方法及措施，才能保证应急预案的科学性、针对性和可操作性。自然灾害综合风险普查工作作为一项重大的灾害风险调查和评估工作，其成果在一定程度上对于应急预案合理有效的编修和管理会起到重要的参考价值和指导意义。

为此，可以在现有风险普查成果推广和应用的基础上，从应急预案编修的程序和内容两个方面进行探讨，为切实解决应急预案编修和管理中存在的问题提供有针对性的对策和建议，从而保证应急预案编修工作的科学高效推进，制定出内容可靠、操作可行的应急预案，同步实现应急预案管理的动态化和应急治理的现代化。

（一）以风险普查为点，搭建应急预案编修程序线

风险普查是应急预案编制和修订中的重要一环，前文也已经论述了风险普查及其成果在应急预案编修过程中起着不可忽视的作用。最直观的益处在于，它保证了应急预案编修程序上的完整，使得启动应急预案编修工作具有了合法性基础。这犹如法律上的程序正当原则一样，也是确保司法公正的必要因素之一。同时，这种形式的意义还在于可以填补过往应急预案编修工作不注重或从未有的评估空白，在一定程度上完善人们对应急预案编修程序的认知，提升编制单位对应急预案工作的重视和理解程度。

另外，借助全国自然灾害综合风险普查契机，海量的调查数据和资源等风险普查成果可以被推广开来并深入应用到应急预案编修的实际工作中。其中，倘若把风险普查成果当作应急预案编修前的点性输入，那么就可以借助点而形成一条环环相扣、科学完整的应急预案编修程序线。风险普查作为应急预案编修的先导性工作能够被自上而下普及并起到重要的作用，可见程序性工作的意义远大于“走马观花”的形式价值，因为它是一种基于大数据思维和定量分析的科学流程。同样，应急预案编修中存在的评审走过场和演练浮于表面等问题，也可以归结为程序失灵失效造成的现象。因此，可以将风险普查对于应急预案编修前的程序性指导作为解决以上问题的范例加以借鉴，同时还可以沿着应急预案编修前的良好惯性趋势助推后续程序性工作的顺利进行，并借着先前人员思想认知的提高将评审、演练等收尾工作做到位。

（二）以风险普查为基础，夯实应急预案编修内容面

应急预案的编修环节是后续应急预案管理工作的基础，其文本的制定和修订需要综合考量自身特性与环境因素。[10]这便需要花费一定的时间和精力做好前期的准备工作，风险普查恰好可以作为保障应急预案内容切实有效可操作的关键性措施之一。

通常而言，应急预案涉及组织体系、应急准备、风险识别管控、监测预报预警、应急响应、应急处置、信息报告、恢复重建等主要内容。风险普查除了在应急预案编修前有着极其重要的导向意义，它对于应急

预案内容的科学合理化也有着一定的影响。比如，应急预案中直接关系到后续应急工作成效的应急事件等级划分，就需要客观分析、认真研究。[11]此时，风险普查成果的应用则可以为该项工作提供数据参照，帮助其进行科学判定。另外，应急预案中的风险识别、监测预报等工作也可以依托风险普查成果做进一步的完善和分析。再者，根据风险普查成果，还可以对应急装备、物资、人力、资金等方面的布局和投入提供有针对性的决策信息辅助。

总之，过往面临的应急预案编修质量不高、内容缺乏实际操作性等问题都可以在风险普查成果深入应用于应急预案编修工作的基础上得到很大程度的解决和改善。筑牢风险普查工作基石，发挥其成果成效，可以有力地夯实应急预案编修内容面。

（三）应急预案管理变革催生应急治理新思路

通过风险普查，不仅可以获取到调查地的主要灾害致灾、重要承灾体、历史灾害等相关信息以及风险水平和防范能力，还可以开发出综合风险和减灾能力调查评估信息化系统，形成一整套自然灾害综合风险普查与常态业务工作相互衔接、相互促进的工作制度。因此，结合上文风险普查对于应急预案编修的程序和内容方面的重要意义，应急预案间的协调性问题也可以因普查成果的应用落实得以解决。同样地，随着应急预案编修程序线的完整化和应急预案编修面的充实化，应急预案管理也会随之发生变化，逐渐实现动态化管理的目标。

沿着上述风险普查点到程序线再到内容面的思路，应急预案管理也将随之产生变革，朝着动态化、数字化的方向转变。由此，应急预案管理作为应急治理中的重要组成部分，其管理方式方法的变化将催生应急治理新思路的诞生，使得应急治理不是囿于一隅、止步不前，而是迈向智慧化、现代化。

四、结语

近年来，自然灾害综合风险普查工作已经相继开展，并且已经取得了相对丰硕的成果。现阶段的主要任务是加强风险普查成果的推广和应用，将收取到的海量信息和数据充分融入社会经济发展和公共安全治理中，切实发挥风险普查工作的真正意义和作用。本文基于这个大背景，通过阐述风险普查成果在应急预案编修过程中的应用价值和现行应急预案编修中存在的主要问题，从程序和内容两个方面探讨风险普查成果解决应急预案编修领域现存问题的办法，由此推动应急预案管理的动态化变革，激发应急治理思维发生改变，走向数字智能化发展道路。当然，本文微观上就风险普查成果在应急预案编修各环节中的应用论述还不够深入和细化，宏观上尚未建构起风险普查成果更好应用于应急预案管理中的新路径。未来随着风险普查成果在这一领域应用的关注增加和研究加深，将会推动应急预案管理加速变革和应急治理现代化。

参考文献：

[1] 汪明，李志雄，史培军. 全面推进第一次全国自然灾害综合风险普查 着力提升防范化解重大灾害风险能力[J]. 中国减灾，2021(9)：18-21.

[2] 积势蓄能稳步推进：第一次全国自然灾害综合风险普查大事记[J]. 中国减灾，2021(11)：18-21.

[3] 汪明. 以第一次全国自然灾害综合风险普查为契机全面提升防范化解重大自然灾害风险的能力[J]. 中国减灾，2021(1)：28.

[4] 崔维. 应急预案编制：问题与优化[J]. 山东行政学院学报，2012(1)：27-30.

[5] 孙大敏，全芳. 对优化应急预案体系的建议[J]. 长江论坛，2020(5)：37-41.

[6] 孙鸿庆. 基层应急预案编制管理探索与实践[J]. 沈阳干部学刊，2013，15(3)：54-56.

[7] 杨瑱，孔胜利，贾音，等. 三位一体视角下应急预案修编要点探讨[J]. 消防科学与技术，2021，40(5)：754-758.

[8] 陈莉，贾群林. 英美应急预案编制的启示与借鉴[J]. 中国应急救援，2019(6)：22-25.

[9] 徐自伟. 应急预案编制问题及改进建议[J]. 现代职业安全，2018(8)：70-71.

[10] 许超，于童."认知偏差"与"过程失效"：基层应急预案管理困境的产生及纠正[J]. 河北科技大学学报（社会科学版），2021，21(4)：81-91.

[11] 苏光伟. 事故风险分析与应急预案编制的探索及实践[J]. 石油化工安全环保技术，2021，37(1)：35-36，40.

Research on the Application of Risk Survey Results in the Compilation and Management of Emergency Plans

Pang Yaping

Abstract: The first national natural disaster comprehensive risk survey is an important national situation and national strength survey, which is the basic work to improve the ability of natural disaster prevention and control. Therefore, making good use of the results of risk survey has extremely important value and significance for both the country and the people. This paper discusses the application value of the results of risk survey in the field of emergency plan management from three stages: before, during and after the preparation of emergency plan, and proposes the procedure line and content solution for the problems existing in the current emergency plan such as unclear function positioning, low content quality, lagging dynamic management, review exercise and coping. It is expected to promote the deep integration of risk survey results and emergency plan text, accelerate the pace of digital and dynamic emergency plan management, stimulate the change of the original emergency management thinking mode, and then realize the transformation of disaster management to disaster risk management.

Keywords: risk survey results; emergency plan compilation; emergency management

3

社会治理

Social Governance

城市市井空间中“城市乡愁”的生产、演进与调试

——以徐州市F街道为例

胡浩宇

摘要:“城市乡愁”是城市化过程中老旧城区治理引发场域中行动者对市井文化的怀念。“城市乡愁”的相关治理是保护和传承城市文化、增强和提升文化自信的重要课题。空间生产理论在审视社会空间形态与文化生产演化方面具有重要作用,为分析市井治理的过程与机制提供了解读视角。本文以徐州市F街道便民疏导点为例,从空间生产理论的角度研究场域发展繁荣、整治、主体调试的三阶段演变,并结合政策执行互动模型和政治势能理论,分析场域中空间治理的“三元一体”调试机制,对案例研究进行经验性总结,总结出市井文化形成的典型路径、场域文脉非线性更迭、空间生产嬗变逻辑、行动者共享的治理目的等市井治理中的泛用经验。

关键词:城市乡愁;市井文化;空间生产;政策调试;市井治理

一、引言

乡愁,可将其定义为“对故土的思念情结”,在我国城镇化治理实践中的应用主要体现在农村常住及曾住人口对失去原本存在于乡村空间内的自然风景等环境资源及生活节奏和人际关系等文化资源等的留念。如何重寻“乡村之美”,逐渐成为城乡规划与治理中的一大课题。相比于农村,城市治理视域中乡愁的存在往往难以得到重视。《国家新型城镇化规划(2014—2020年)》提出了优化城市空间结构和管理格局的要求,指出要按照改造更新与保护修复并重的要求,健全旧城改造机制,优化提升旧城功能。由此可见,旧城改造是城市治理的重要课题。城市中老城区普遍包含有城市的历史底蕴或生活文化,于城市内可以其区位优势及消费结构支撑起一片街区的繁华,于城市外则可通过其文化历史提高城市的文旅价值,但旧城区中的马路摆摊、沿街活动等“烟火气”的表现不可避免地带来了交通拥堵、卫生脏乱以及管理难整治难等顽疾,对城市结构功能及整体形象造成了负面影响。因此,旧城区结构改造和整治优化的规划已然提上日程。近年来,各地政府对城市治理和功能疏导工作的不断推进,城市结构框架的优化逐步实现,但对有着多年生命的集市的整治以及对并无明显效益的文化地标的牺牲,不可避免地导致城市记忆的消散,让越来越多象征着区域范围内市井文化的地标、建筑、集市等,最终只能留存于“城市人”的心里,成为“回不去的故乡”,表现出来的则是居民越发浓厚的“城市乡愁”。

结合普遍意义上“乡愁”的概念,可以对“城市乡愁”进行以下界定:城市居民对已经消亡的城市区域或市井文化的怀念。其中造成这种消亡的动因主要来自集市取缔或街道整治等治理活动,而“怀念”的动作也包含对治理主体的不满情绪以及“还生活化”的愿望。城市结构功能的优化治理与老城老街范围周遭烟火气的留存往往是相反命题,多方诉求的平衡难以实现,而政策执行者往往倾向于城市结构及功能最优化的追求,治理过程中将公众在市井文化挽留上的诉求置于次要位置甚至忽视,极易滋生地域内治理主体与受众之间的矛盾,在治理行动后甚至会出现居民商贩自发的集市复辟,形成城管商贩此消彼长

作者简介:胡浩宇(1999—),男,江苏徐州人,中国矿业大学公共管理学院(应急管理学院)硕士研究生,研究方向为地方政府治理创新。

“躲猫猫”的局面，导致治理行动难以顺利落实推行。习近平总书记于2019年的春节前夕在北京老城前门东区看望慰问基层干部群众时说，“让城市留住记忆，让人们记住乡愁”。“城市乡愁”作为城镇化的治理实践过程中无法避免的现象，其研究价值逐渐提高，也逐渐得到不同领域学者的重视。本文选取徐州市F街道便民疏导点作为研究对象，从以列斐伏尔的空间生产理论为代表的空间治理观及其相关扩展研究入手，提炼分析场域内空间演化的过程以及其中多方行动者的相互作用关系，结合麦克拉夫林的政策执行互动模型，为城市旧城区的市井治理与改造提供借鉴参考。

二、理论依据：空间生产理论

空间生产理论产生于马克思主义城市学派学者对“空间社会性”的重视，西方城市化进程中的城市空间重构、种族和社会分化等问题都可从中衍生出解释和应对途径。列斐伏尔最初提出了其核心概念“空间的社会生产”，指多种社会要素和力量在“空间”中进行开发、设计、使用和塑造等活动的过程。在这一过程中，空间不再单纯作为现实的物理形态概念被分析，而是被抽象为精神和社会领域的概念，且范围扩展至社会结构层面，一切社会实践都被囊括于空间的建构这一范畴中；空间和社会相互生产，权力和资本等政治经济力量的空间生产带来了城市空间重构和城镇化过程[1]。此外，列斐伏尔在空间生产中还对微观生活的经验视角予以了强调，指出了文化作用在空间生产实证分析中的研究价值。

空间生产理论的核心是“三元一体”理论，包含了空间实践、空间表征和表征空间三组维度，分别与自然、社会和精神空间相对应，以此来对空间的生产过程进行解构和诠释。空间实践反映日常生活中的物质生产实践，是社会中的具化物品生产和再生产的场所，属于被感知的维度。空间表征是概念化的空间，受权力和知识的话语支配，属于被构想的维度。表征空间是居民和使用者直接经历的空间，处于被支配的消极地位。

除列斐伏尔[2]的空间生产理论以外，针对空间的研究在不同学者的研究中实现了不同方向的延伸，例如，三元辩证法用以解释社会、空间和时间三者间的辩证关系；空间转移理论用以解释城市空间的发展、扩张、更新背后，资本和空间的相互关系等。国内学者将视角放在实证研究方面，在权力—资本分析视角的基础上进一步提出了日常生活视角的分析，并构建出政府、市场、公众、文化对城市空间生产的作用机制概念模型并对城市存量更新中的空间治理展开研究[3][4]。空间生产视角下存量空间治理分析的概念模型见图1。

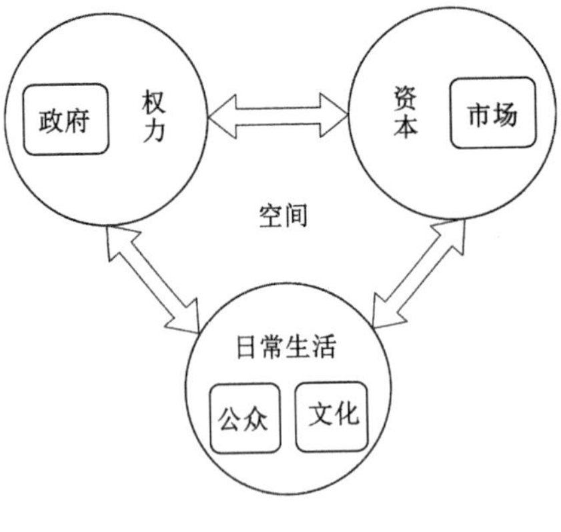

图1　空间生产视角下存量空间治理分析的概念模型

三、F街道场域的空间形态演变

本文选取徐州市F街道治理过程中的空间生产关系演进作为研究对象，该街道位于徐州市云龙区，连接两条城市主干道，毗邻两座“大龄”小区，是徐州市南部最大的农贸交易大街。F街道长久以来，一方面以集市的形式发挥便民疏导的功能，周边两片社区中主体行为习惯较为固定，且其文化特征使得其实际辐射范围要广于其应然的作用范围；另一方面更为彻底的搬迁的治理形式，也使得治理前后空间内生产格局形成更大的差异。因此，对该街道开展治理产生的影响更广，改革中涉及的行动者反应更为活跃，故该案例在广义范围下的集市治理过程中具有一定的参考价值。

（一）第一阶段：市井文化形成，治理诉求产生阶段

F街道自20世纪后半叶以来便开始发挥农业商品集散地的作用，周边两座小区建成后，F街道拓展了满足两座毗邻小区居民日常生活需求的功能，开始承担起居民聚居区日常食品消费场所的角色，居民容量的不断增加导致了区域内需求的不断扩大，刺激了街道范围内各类商铺的繁荣以及大量流动摊点的涌入，促进了区域内“市井商业”的繁荣。消费的繁荣以及小吃方面的名气增大，推动了F街道区域文化的形成，并慢慢向外辐射，逐渐形成城市范围内的文化影响，进而从更广阔范围内吸引更多消费者及商户进入该空间。区域内需求层次和服务种类形成良性刺激，互相作用形成循环，推进了空间功能的演进和文化基础的沉淀，F街道也逐渐从单纯为区域内居民提供服务的街边集市发展成了城市记忆中的美食中心和文化表征的网红打卡地。

F街道早期的空间生产主要在区域内居民及商户的自发组织下运行，权力主体在这一阶段表现出的较大幅度的治理行动主要为F街道便民疏导点的规划建设，具体包括政府向商户提供统一规格的经营点位并对入驻商户进行统计编号，并进一步对临街商户的经营进行规范，将原本松散的完全自发经营的空间进行秩序化整合，形成较为规整的经营格局。街道整体功能的塑造仍以居民与商户之间的生产活动为主导，政府部门主要扮演着旁观者的角色，并未在区域生产中追求高程度的话语权，其生产活动主要包括对区域基础格局的维护以及对经营秩序的松散管理。

缺乏有效规制的自发集市疯狂生长，在不断实现对日益丰富的居民需求的满足以及成功构建城市文化地标的同时，其规模不断扩大，也形成了主动挤压区域内其他空间和功能的态势，最为明显的表现在于摊点井喷式增长导致的道路拥堵，午高峰晚高峰时间道路几乎布满因购物乱停乱放的电动车，F街道交通道路功能几近丧失；同时，公共区域内垃圾清运不及时，自发卫生组织无法形成有效管理，卫生问题和噪声污染严重影响附近居民生活，城管部门的管理也难以避免成效短暂以及“法不责众”的困境；此外周围小区的消防安全和急救诉求也因集市拥堵难以付诸实现。

F街道第一阶段表现出自发资本主导，伴随权力主体消极规范的格局。在这种格局下，区域被赋予高于其本身的意义，城市“乡土意识”萌芽生长，自发经营的逐利趋势也导致问题滋生，形成激烈的观念对抗。

（二）第二阶段：治理实践落实，“城市乡愁”孕育阶段

2014年徐州市响应国家创建卫生文明城市的政策号召，逐步开展城市卫生治理，在2020年这一卫生城市创建验收年来临之际，F街道便民疏导点的整治被提上日程。疏导点原计划于2019年完成整治，因新冠肺炎疫情原因，2020年9月25日云龙区城管局正式发布公告对F街道及周边摊点进行整治，F街道所在的彭城街道办事处张贴《关于拆除F街道疏导点周边违建的公告》，向周边居民公示，并在附近设置咨询点回答居民疑问。关于商户的安置工作，云龙区为目前街道登记在册的178个商户提供了七家农贸市场供F街道疏导点的业户自主选择，现场提供的材料除了公示各农贸市场中各类摊点的数量、租金和押金之外，还包括了各市场的优惠政策供商户自行权衡；因新冠肺炎疫情原因耽搁工期的F街道居民中心建设完成，涵盖邻里中心、公寓酒店及沿街商铺等，疏导点部分原有商户可以在居民中心继续经营；针对F街道疏导点沿街商铺不规范经营的问题，城管部门有针对性地提出整改要求，大幅改善沿街商铺经营环境，并组织部分业户转至店内经营。

通过整治行动，F街道疏导点完成整治，街道交通运输功能以及生活空间得到恢复的同时，最大限度地保留了原疏导点的消费需求满足功能。政策目标的推动使得空间内权力主体获得较强话语权，从顶层

设计话语主体逐步成为区域生产过程的主导者。资本主体在空间中处于被挤压的位置，但一方面自上而下的政策以较强的力量落地实施，在舆论和政治导向下处于服从者的位置；另一方面商户以及居民的直接利益得到充分尊重，协商选择空间充裕，所以主观上对治理是予以配合的。

但疏导点的整治直观上抹消了F街道这一地标的文化痕迹，问题产生于文化价值的丧失对空间内资本和日常生活主体的运作模式构成了负面影响。F街道周边的两所小区均属于“大龄小区”，大部分居民十几年二十几年的购买习惯被打破，生活节奏骤然改变；部分老年人难以及时接收摊点的迁移安置信息，无法找到熟识的店铺；不知整治消息慕名而来的食客，看着干净整洁的路面也只能悻悻而归。除此之外，虽然店铺几乎得到合理的安置，但花费多年建立起的熟客联系也因地域上的距离渐渐淡化，客观上给商户带来经济损失。不与政府治理直接接触的区域自发性生产活动在治理中受到阻碍，治理受众背后的隐性需求未能得到满足。

该阶段表现为权力主体主导空间治理，出现解决了显性问题又导致隐性问题滋生的局面。市井文化破坏导致居民生活方式改变，对街道原有状态产生怀念，“城市乡愁”就此形成。

（三）第三阶段：乡愁驱动行动，多元主体调试阶段

疏导点整治过后一年有余，区域内新的生活习惯逐渐形成，与此同时文化痕迹与生活习惯方面的遗留问题也逐渐显现，伴随着整改“风头”的减弱以及区域“生活化”的回归，空间生产在日常生活角度下的自发性程度提高，治理需求重新产生：居民购买习惯固化以及对区域市井文化的再造愿望，带来对传统街边菜市摊点售卖方式的诉求，原疏导点商户苦于“绅士化”店面带来的高房租和失去客流造成的损失，为追求更高效益也表现出对街边售卖和固定客源的诉求，两方利益诉求的“一拍即合”催生了街边流动摊点的再生和发展，沿街店铺也有店外经营的情况出现，卫生噪声、交通拥堵、消防隐患等问题又开始出现。城管部门对此种现象开展多次大小整治活动，但零敲碎打的小规模整治，由于没有更高权力层次提供的政策推动力，表现出手段无力和缺乏持续性的问题，导致治理成效不足，问题得不到根治，流动摊点“去了又来”，呈现出与城管“捉迷藏”的拉扯局面。这一阶段区域中资本主体在空间生产中的力量重新萌芽，在“后治理”阶段逐渐增强并成长到能同以城管部门为代表的基层管理者进行一定抗衡的地步，两者在缺乏更高权力主体政策指导的空间中，以小规模的整治活动始末为周期，相互“对抗”[5]。

2021年徐州市政府提出构建城市精细化管理体系，深抓背街小巷、农贸市场、交通路口等重点区域长效管理，促进城市环境再美化、公共秩序再优化，切实巩固全国文明城市创建成果。针对F街道作为此项工作重点目标区域，开展了多次较大规模的整改行动，街边摆摊及产生的相关问题得到一定程度的缓解；工作中还对F街道外立面开展综合整治，以楼栋为单位，逐户协调，严格落实违建、防盗网等拆除工作，同时对建筑外墙色彩、广告、夜景亮化升级改造，不断挖掘文化底蕴，丰富文化内涵。整治行动大范围覆盖了整治疏导点后F街道区域内存留或产生的多种问题的协调解决，并通过后续的多次小范围整改等治理安排来对标正在解决以及后续产生的各类问题。

持续的治理过程囊括了区域内“城市乡愁”中遗留问题的治理需求、“城市乡愁”驱动下居民商户的生活需求以及为实现需求而采取的多种行动，这种行动产生的问题又带来了新的治理需求。在不断通过治理和妥协实现新问题不断解决的过程中，多方行动者力图达到利益平衡的理想状态。这一阶段表现为“城市乡愁”在空间中发挥作用，构成多主体需求的不断产生与满足、不断追求多方利益平衡状态的持续互动过程。

四、F街道疏导点空间治理调试机制

基于“三元一体”的解释框架，“空间实践—空间表征—表征空间”的空间演进逻辑与多元互动的空间生产主体，构成了不同的空间形态，反映了“城市乡愁”治理过程的作用机制。在空间生产理论中，空间实践指代的是物理空间，是F街道场域内诉求实现的物质载体，也是空间内多主体行为交互产生文化的物理呈现；空间表征是政府、城管部门和基层治理主体等权力话语主体的代表，是开展顶层设计以及执行治

理行动的主导力量，在空间生产中起决定性作用；表征空间作为空间实践表征的对象，代表街道场域内居民和商户以及文化辐射吸引来的游客等主体，主体间多种形式的互动实践实现了城市文化的建构和丰富，构成了多元融合的城市文化空间。

（一）空间实践：城市乡愁呈现的物质载体

空间实践属于物理形态上的空间范畴，是行动者博弈和调试的载体。F街道集市的初步形成体现出居民和商户行动者的需求契合，而疏导点的建设也体现出权力主体对区域内的秩序需求；行动者互动过程中产生的文化价值流入场域，自然条件在文化引导下的空间实践中实现了空间价值的丰富；创卫政策任务下城市秩序卫生诉求表现为城管部门对疏导点的整治；商户与城管的“捉迷藏”、外墙安全整治和文化地标重塑也承载了治理行动后场域中行动者诉求的互动。空间生产中物理介质贯穿于治理过程，空间中要素的增减呈现出空间表征[6]多方行动者的力量增减和诉求调试，而这些要素变化幅度的降低也体现出这种调试过程趋于稳定和利益平衡的最终朝向。

（二）空间表征：空间治理调试的主导力量

空间表征是空间塑造的主体力量，支配着空间要素与生产关系。在空间实践中形成的行为习惯与消费依赖逐渐形成市井文化，为区域定下“文化街区”的主基调，并在文化指导与文化辐射中影响区域内外行动者的行为，逐步塑造空间底色。在F街道场域文化的产生和实施治理行动的过程中，借由自上而下的行政力量的推动，徐州市政府和城管部门等多级权力主体共同构成了这一场域中的权力话语框架，为场域内多方行动主体的文化构建活动提供政策指导和规范框架，同时对越界的文化生长以及社会实践中产生的问题需求进行持续性治理和规制。在文化底蕴与治理指导的持续碰撞与妥协过程中，空间实践在治理中不断重构，不断产生新的需求反馈，权力主体和资本主体不断调试，持续追求多方行动者利益诉求的平衡——一种多方参与、政府主导的体系架构，通过空间表征对F街道的场域构建予以规划和指导。

（三）表征空间：市井文化场域的建构主体

表征空间是精神文化表达的场域，在市井语境中是多元主体的共建空间。表征空间通过行动者的高频交互形成场域文化，并将文化资源与权力指导嵌套进空间本身，依托物理空间，赋予空间以灵魂。文化价值在行动者的交互中多次完成重塑，向内挖掘拓展市井生活深度，向外形成辐射，带来场域外居民、商户和游客的介入，创造出秩序的同时，促使文化的再生产向日常生活回归，行动者的互动实践使得场域内文化再生产的内涵进一步得到丰富，超越了集市本身，建构出了多元的市井文化空间[7]。因此，表征空间基于物理上的空间概念，即空间实践的物质表征，承载了区域内文化的萌生、发展和再造的全过程，通过行动者共建，拓宽并分化了文化再生产。表征空间在F街道这一场域内实现了普遍意义上市井文化概念的丰富延伸，多方行动者共同完成了文化价值的建构[8]。

五、结论与讨论

本文从空间生产过程演变的角度，阐述了F街道集市疏导点三个阶段中市井文化更迭的过程，从空间实践、空间表征和表征空间三个方面提出了F街道空间治理的调试机制，主要结论有以下五点。

(1)“经商—生活—文旅”是城市旧城区市井文化形成的典型路径。以案例中F街道集市的形成和发展为例，空间生产过程经历了农贸商户自发聚集开展商品经营的经商空间、居民聚居生活逐渐形成购买习惯的生活空间和“网红街区”名气辐射下吸引更大范围行动者参与共建的文旅空间三个阶段，呈现出城市旧城区市井文化形成的路径与方向。

(2)市井空间发展过程伴随着场域价值非线性变化的文脉更迭历程。城市市井空间形态演变的过程伴随区域文化的文脉更迭，先后经历了区域萌生阶段的集市经营文化、区域发展阶段的生活习惯文化以及区域繁荣时期影响辐射下的网红集市文化，同时也包含因区域整治引起的部分文化流失以及“城市乡愁”的寻回和复建。伴随着文化踪迹在市井治理中的流动过程，城市旧城区中市井文化的价值和意义超越了市井经营活动本身。

（3）空间内生产主导权的转移体现了空间生产多重嬗变的逻辑递进特征。从空间生产的嬗变特征上看，市井场域的治理始末伴随着空间生产主体话语权的持续转移对抗，不断趋向平衡的过程，权力主体和资本主体通过场域内的实践活动争夺空间生产主导地位，使之符合自身诉求实现的需要。伴随着行动者诉求冲突的减弱以及对相互诉求的妥协调试，主体行为对抗程度降低，逐渐达到利益平衡的稳定状态。空间生产也是空间重构的过程，体现的是市井空间生产主导价值在不同主体间的转移、加权与让渡的过程。

（4）"城市乡愁"下的空间生产是具有"三元一体"多维建构机制作用的过程。旧城区市井治理过程的发生和调试机制遵循了空间生产的内在规律。空间实践体现的是市井文化作用的物理空间，同时为治理活动提供物质载体。空间表征上体现的是旧城区治理的主导力量及其对理想化市井空间的建构。表征空间体现的是资本主体塑造的文化空间，从文化建构上推动了市井空间的运作[9]。

（5）行动者共享的市井空间场域是城市旧城区治理的根本目的。F 街道疏导点自建成以来，除了承担周边居民生活性购物的功能外，还凭借自身文化价值吸引场域外的游客光临打卡。整治后，在秩序化的行政目标实现的同时，原疏导点功能丧失，行动者通过"还生活化"活动寻求利益的重新满足，治理主体在通过多次整治保障秩序不被打破的同时，也采取行动促进城市环境的再美化和文化底蕴的再发掘[10]。空间中多元行动者保持持续性的互相调试状态，试图实现多元主体利益满足的最终追求[11]。

以上结论是对 F 街道疏导点空间形态演化和治理调试的分析，主要通过物理空间的演变分析实现具象化的空间研究，进而抽象出旧城区市井治理具有普遍意义的内在机制和规律特征。城市治理是多重动力共同作用的复杂系统，旧城区因其牵扯的多方诉求更加剧了其研究的难度。空间生产理论和政策执行调试模型可以阐释其中的阶段性特征和演化机制，但如何围绕效率和公平等维度，从经济、社会、文化、生态等角度系统分析治理的动力和阻力，建立有效的治理评价体系，为新发展阶段旧城区市井治理提供实践性建议，仍需进一步深化研究。

参考文献：

[1] 蔡丽玲，沈海娜. 从历史街区改造看市井文化之存续：以杭州小河直街和御街二十三坊为例[J]. 装饰，2021(10)：128-129.

[2] 列斐伏尔. 空间与政治[M]. 李春，译. 2 版. 上海：上海人民出版社，2015.

[3] 崔晶. 基层治理中的政策"适应性执行"：基于 Y 区和 H 镇的案例分析[J]. 公共管理学报，2022，19(1)：52-62.

[4] 李庆瑞. 城市治理的理论阐释与中国实践：一个文献综述[J]. 苏州科技大学学报(社会科学版)，2021，38(5)：1-8.

[5] 李文钊. 理解中国城市治理：一个界面治理理论的视角[J]. 中国行政管理，2019(9)：73-81.

[6] 廖晓明，周芯如. 文化引领城市公共空间治理研究[J]. 长白学刊，2022(2)：148-156.

[7] 沈昊婧，荆椿贺. 功能转型背景下城市存量空间更新中的空间治理：基于空间生产理论的分析框架[J]. 公共管理与政策评论，2021，10(5)：128-138.

[8] 孙全胜. 论马克思"空间正义"的理论形态[J]. 内蒙古社会科学，2021，42(3)：39-47.

[9] 王子琪，付昭伟. 弹性、活性、粘性①：再论城市文化空间的治理[J]. 中国行政管理，2020(8)：146-148.

[10] 朱浩. 社会创新、城市空间生产及其治理：基于 Z 省 H 市的多案例研究[J]. 社会建设，2022，9(4)：85-96.

[11] 朱庐宁，曹劲松. 城市微改造中文化艺术的叙事创新[J]. 南京社会科学，2022(2)：157-164.

① "粘性"应为"黏性"。

The Production, Evolution and Debugging of "Urban Homesickness" in Urban Well Space: Take F Street in Xuzhou City as An Example

Hu Haoyu

Abstract: "Urban homesickness" is the nostalgia of the actors in the field for the city culture caused by the governance of the old and old urban areas in the process of urbanization. The relevant governance of "urban homesickness" is an important subject to protect and inherit urban culture and enhance and enhance cultural self-confidence. Spatial production theory plays an important role in examining the evolution of social spatial form and cultural production, and provides an understanding perspective for analyzing the process and mechanism of city governance. This paper takes the convenience dredge point of F Street in Xuzhou city as an example, studies the evolution of the three stages of the development and prosperity of the field, renovation, main body debugging from the perspective of spatial production theory, and combines the interaction model of policy implementation and the political potential energy theory to analyze the "triad" debugging mechanism of spatial governance in the field, and makes an empirical summary of the case study. The typical path of the formation of market culture, the non-linear change of field context, the evolution logic of spatial production, and the purpose of governance shared by actors are summarized.

Keywords: urban homesickness; city culture; spatial production; policy debugging; city management

徐州市铜山区社区矫正实践模式探索

李全彩，代姗姗，李　钰，荣　颜，秦尔豪

摘要：徐州市铜山区积极引入社会力量参与社区矫正工作，在逐步探索与前进的过程中，社区矫正走上了主动寻求高校力量的实践道路，“政府＋高校”的实践模式顺势而生。本文通过梳理徐州市铜山区社区矫正实践模式的发展历程，深入剖析了“政府＋高校”实践模式对于社区矫正工作的必要性，阐释了现阶段徐州市铜山区“政府＋高校”实践模式的工作重点，并且对该模式的未来方向进行了展望。

关键词：社区矫正；政府＋高校；实践模式

社区矫正是20世纪70年代发源于欧美的一种社会化刑事执法模式。21世纪初，我国在北京市、上海市、江苏省、浙江省等省市启动社区矫正试点，积极探索行刑社会化趋势下的刑罚制度改革。社区矫正是将管制、缓刑、假释、暂予监外执行的罪犯置于社区内，以社区为平台开展的罪犯矫正模式，这种模式的显著特征是社会力量的广泛参与。除了罪犯所在单位、学校和家庭成员要积极投入对罪犯的矫治工作外，社会工作者、志愿者以及社会组织等社会力量也是国家特别重视组织、引导、鼓励的参与力量，为此，司法部、中央综治办（中央社会治安综合治理委员会）、教育部、民政部、财政部和人力资源社会保障部于2014年发布了《关于组织社会力量参与社区矫正工作的意见》。其中，社会工作者及社会工作专业理论与方法的引入对于我国罪犯矫正理论和实务是一个值得重点关注的关键点。

江苏省徐州市的社区矫正工作自2005年开启，一方面严格按照国家和江苏省的统一部署开展相应的工作，另一方面执着探索了区域化的社区矫正模式。因为社区矫正在我国是一个典型的自上而下的刑法改革路线，这种行政主导的改革优点是保证了时间效率和规模效益，满足了刑法改革的趋势，值得肯定。社区矫正制度需要在各项社区矫正政策的实施以及评估过程中才能不断完善和修正，对于社区矫正的实践研究显得尤为重要，实践是检验真理的唯一标准。[1] 当然，实践是全面的立体的，本文仅仅从社区矫正教育的专业视角进行总结探索，确切地说是探索社会工作专业介入的实践经验，即一条由“高校＋政府”，向着“政府＋高校”方向发展的路径。

一、徐州市铜山区社区矫正“高校＋政府”的探索

高校社会工作本科专业有一门实务课程叫作“社区矫正社会工作”，因为课程教学见习的需要，高校联系司法部门，社会工作专业的师生被安排到各个区的社区矫正中心区参观学习。后来，高校还安排专业实习，就是在这样的不断实践中，我们开始从理论到实践走向社区矫正这个社会工作实务领域，逐渐积累了较为丰富的经验，对社区矫正有了比较专业的想法，对社区矫正对象也有了一些理性的认识。但是，

基金项目：铜山区社区矫正服务项目“社区矫正损害修复从‘心’开始一起向未来”（2022XZTSSF01）。

作者简介：李全彩（1966—），女，江苏邳州人，中国矿业大学公共管理学院（应急管理学院）副教授，硕士生导师，研究方向为心理学、社会工作等；代姗姗（1998—），女，甘肃张掖人，中国矿业大学公共管理学院（应急管理学院）硕士研究生，研究方向为公共治理与行政伦理；李钰（1996—），女，新疆哈密人，中国矿业大学公共管理学院（应急管理学院）硕士研究生，研究方向为行政管理；荣颜（1998—），女，江苏徐州人，中国矿业大学公共管理学院（应急管理学院）硕士研究生，研究方向为行政管理；秦尔豪（1997—），男，山西长治人，中国矿业大学公共管理学院（应急管理学院）硕士研究生，研究方向为教育经济与管理。

这些认识在当时来看是不系统的或者是不深刻、不完善的。后来，因为依托专业而生的社会组织机构即徐州市鹏程社会工作服务中心，在2015年获得了中央财政支持社会组织参与社会服务项目资助的项目(2015)“社区矫正人员家庭增能社工服务示范项目”。这个项目的实施让专业社会工作介入徐州市社区矫正工作成了必然。也是因这个项目的实施，我们出版了《社区矫正社会工作实务研究》一书。这本书的出版，标志着徐州市铜山区“高校＋社矫”模式的阶段性终结，下一个阶段的“社矫＋高校”实践模式顺势而生了。

如果说，徐州市铜山区社区矫正实践模式的发展动力，前期是因为社会工作专业教学的需要而被动接纳的话，那么自2018年至今这种动力就变成了一种内生的原发性的能量，比如在2018年铜山区司法局用委托的方式，开启了首个政府购买铜山社区矫正服务项目——“多方联动，从‘心’出发——助力铜山女性社区矫正对象”。自此，社区矫正走上了主动寻求高校力量的实践道路。为此，江苏司法行政在线、法润江苏对江苏省徐州市铜山区司法局组织女性社区矫正对象在中国矿业大学开展“意象沙游成长小组活动”做了详细报道，很多媒体网站纷纷转载。徐州市铜山区司法局也以“小小‘沙具’唤醒心灵对话——铜山区社区矫正教育又出奇招”，铜山区司法局组织女性社区矫正对象在中国矿业大学开展“意象沙游成长小组活动”，将社会工作中的“人本主义”理论和心理学的“表达性艺术治疗”工作方法相结合，唤醒、释放、疗愈需要服务的12名社区矫正对象。

《中华人民共和国社区矫正法》于2020年7月实施，对社区矫正工作提出了新的要求：社区矫正工作坚持监督管理与教育帮扶相结合，政府机关与社会力量相结合，采取分类管理、个别化矫正，有针对性地消除社区矫正对象可能重新犯罪的因素，帮助其成为守法公民。加之受铜山区社区矫正工作的专业需要和社区矫正工作的形势所需，铜山区司法局对社区矫正对象的矫正教育的认识高度、重视态度一年比一年高。社区矫正工作的前行可谓“路漫漫其修远兮”，特别是在寻找一种更加有利于工作高效开展的先进模式方面，徐州市铜山区司法局通过不断“上下求索”，最终与中国矿业大学公共管理学院就社区矫正工作形成了良好的合作伙伴关系，为《中华人民共和国社区矫正法》的深入推进开辟了新的思路，形成了社区矫正“政府＋高校”的工作新格局。

二、徐州市铜山区社区矫正“政府＋高校”的必要性

随着社会的快速发展以及《中华人民共和国社区矫正法》的实施，社区矫正工作的开展要求社会专业力量和高素质人才的加入。高校作为社会力量之一，在理论研究、人才培养等方面为社区矫正工作的推进提供了极大的帮助，作为集社会各专业人才和资源于一身的高校，如果能使其发挥智力优势参与到社区矫正工作中来，无疑将在刑罚执行理念、社区矫正技术研发和人才培养上推动社区矫正事业迅速驶入快车道。[2]社区矫正的工作要想进入新的发展阶段，顺应新时代的发展潮流，开辟出新的发展路径，就必须创新相关理念、技术、方式方法。

在理念层面坚守“助人自助”。“助人自助”是社会工作的基本原则，社会工作者期望通过其帮助，使服务对象增强其独立性，而非增强其依赖性，以能够在日后遇到类似的生活挫折和困难时，可以独立自主地加以解决。在社区工作中贯彻“助人自助”的理念，首先工作人员要坚信社区矫正对象的领悟力和创造性；其次是通过专业的方式方法借由专业的心理技术手段致力于对社区矫正对象提供心灵的支持，帮助社区矫正对象“自救自助、自主人生”，发挥自身主导作用。在这个过程中注重开导，不包办代替，而是尽可能引发其自觉力，启发社区矫正对象用自己的意志自主决策，增强他们的独立性和自主性，使社区矫正对象从“他助”转向“自助”，做掌握自己命运的主人，实现社区矫正“正心矫人”的目标。

近年来，铜山区司法局与中国矿业大学公共管理学院开展合作，将社会工作中的“人本主义”理论和心理学的“意象沙游”工作方法相结合，针对全区社区矫正对象开展损害修复服务，[3]真正将社会学、教育学、心理学、统计学等学科的相应理论研究应用到社区矫正工作当中来，以专业理论为基，以具体实践为本，使社区矫正对象重塑自我，远离犯罪，重新走上社会。在2018年协作完成的“徐州市铜山区女性服刑

人员社区矫正”服务项目和“涅槃重生，扬帆再起航——‘意象沙游’疗法在社区矫正中的运用”个案服务分别获得了“2018年度江苏省优秀社会工作项目”一等奖和“2018年度江苏省优秀社会工作案例”二等奖。2020年7月1日，中国矿业大学公共管理学院社区矫正基地在铜山区司法局正式揭牌成立，这是铜山区司法局社区矫正实践创新的一个里程碑。2021年起，该基地创新采用“正念训练法”对社区矫正对象开展团体咨询，引导社区矫正对象通过“意象沙游”的方法，将自己从某种处境中脱离出来时，用旁观者的角度看待自己的生活，实现情绪释放和自我觉察，取得了良好的效果。

三、徐州市铜山区社区矫正“政府＋高校”的工作重点

多年来铜山区利用“一个平台”，即铜山区社区矫正“九色鹿心灵成长吧”；调动“两支力量”，即政府社区矫正社会工作力量和中国矿业大学公共管理学院专业力量；根据“三个阶段”，即根据社区矫正对象新入矫正期、矫正中期、解除矫正期三个阶段的不同心理特点开展心理矫治活动；针对“三个层面”，即根据社区矫正对象心理健康状况的不同程度分为一般心理问题、严重心理问题和心理危机干预三个层面；构建“两个系统”，即通过开展心理矫治工作，帮助社区矫正人员构建心理支持系统和社会支持系统，从而帮助社区矫正对象重塑健全人格，实现再社会化。[4]

（一）满足社区矫正对象个性化、多样化心理矫正需求，提高心理矫正质量

铜山区社矫人员在“九色鹿心灵成长吧”进行的“每日分享”已经成为一种生活习惯。“九色鹿心灵成长吧”是铜山区社区矫正团队建立的线上课堂，社区矫正对象通过学习一些经典国学，在群里进行“每日分享”。除此之外，铜山区社区矫正团队还开展法律道德讲座，提高社区矫正对象的法律意识和法治观念。团队在线下开设了家庭教育专题讲座和“亲子习惯养成”工作坊，帮助社区矫正对象改善家庭关系，增强亲情意识。团队主要采取“监管＋疗心”的工作模式，对社区矫正对象实行专业化的心理损害修复。借助“心中陌上花”意象沙游疗法，采取现场活动方式，在加强日常监管教育的同时，为社区矫正对象提供在线心理测试和筛查，提供个体心理咨询、团体心理辅导及心理健康教育和宣传等服务。社区矫正基地探索社区矫正对象的内心世界，打开社区矫正对象的“心”墙，改变不良行为习惯，努力改造自我，重建社区矫正对象积极的生活理念和态度，帮助其拥有良好的家庭关系和亲子关系，从而重新融入社会，实现自己的价值。

（二）强化社区矫正对象心理矫治，帮助社区矫正对象重塑信心，重归社会

近年来，司法刑罚改革中有关社区矫正对象、人权及心理问题受到社会各界的广泛关注，这也要求政府和社会从主体多元化的视角进一步关心和推进社区矫正心理工作。[5]社区矫正对象的心理状态与情绪异于平常人，存在因内心情绪异常而做出极端行为的可能，对重新迈入社会、重新回归家庭乃至社区矫正工作存在一定的抵触心理，所以社区矫正工作应重视心理矫治，重点关注社区矫正对象的心理健康状况，通过发放心理健康调查问卷，建立个人心理健康档案，定期进行心理健康辅导与咨询，分析不同阶段社区矫正对象的心理状态，全面掌握其心理动态。2021年以来，徐州市铜山区司法局把心理矫治作为社区矫正工作的重要内容，通过“三注重”帮助社区矫正对象重塑信心，重归社会。

（三）坚持“因人施矫”，实施分类管理、精准矫正是徐州市铜山区开展社区矫正工作的主旋律

“我在老师的课程中认识到自己的长处与不足。我平时比较自傲，此次活动让我意识到自己应该积极听取别人的意见……”这是徐州市铜山区2022年针对“00后”社区矫正对象开展的“青春悠扬，梦想灼热——奏响生命零度之歌”之“生命·成长——接纳不完美的自己”主题活动现场，一位青少年服务对象发表的感言。

对社区矫正对象进行科学分类是开展社区矫正关注的首要前提，不同社区矫正对象在犯罪类型、性

别、年龄、性格特征以及自身情况等方面存在差异，所以必须依据个体特征基础进行全面客观分析，制定出具有针对性、个性化的矫正方案，选择与矫正主体相对应的矫正内容与方法，才能充分调动矫正对象的积极性，最大限度确保矫正目标的实现。2022年度"铜山区社区矫正损害修复项目——从'心'开始，一起向未来"项目顺利启动，重点从社矫对象中的青少年、女性群体、亲子(家庭教育)三个方面进行发力，助力服务对象的损害修复，帮助服务对象重返社会。

2022年2月，徐州市铜山区矫正对象李某收到了团区委发放的荣誉证书，他被评为"2021年度铜山区优秀青年志愿者"。李某激动地说："我今天能获得这个荣誉，要感谢铜山区司法局对我的精心帮助。司法局不但为我们矫正对象开展了各类教育课程、心理咨询，还为我们提供了许多回馈社会的机会，让我一个犯过错的人能成为对社会有用的人！"李某的成长与变化反映出铜山区社区矫正工作的努力与探索。在社区矫正工作中，铜山区司法局积极落实江苏省司法厅构建推行的社区矫正"一三三模式"，落实"精细管理、精准矫治、精心帮扶"三项机制，统筹"力量保障、科技支撑、阵地建设"三大要素，除开展统一教育课程外，按年龄层次、个性特点等对矫正对象进行分类，开设专项分类服务，因材施教，以矫正方式创"新"，实现矫正对象"疗心"，助矫正对象重返社会促"新生"。

四、徐州市铜山区社区矫正"政府+高校"的未来展望

我国社区矫正自2003年开展试点工作以来已有19个年头，由省市先行到全国铺开，在这一过程中取得了宝贵经验，也形成了具有典型特色的社区矫正模式可供借鉴，例如北京模式、上海模式、浙江模式，但是在具体实践过程中仍然存在许多问题亟待解决。

(一)以高校为依托，加快建立社区矫正智能化服务平台，推动社区矫正信息化

按照《关于全面推进社区矫正工作的意见》的要求，要大力加强社区矫正信息化建设，健全完善全国社区矫正对象数据库，建立社区矫正信息平台，与有关部门互联互通、资源共享，推动对社区矫正对象进行网上监管、网上教育、网上服务帮扶。通过数据共享推动业务协同，借助大数据分析创建新型决策、指挥、管理方式，将人力、技术、数据、装备等资源进行优化配置与有机整合，是社区矫正工作与大数据时代深度融合的产物，更是一场涉及社区矫正执法理念、执法方式、执法流程、执法手段的重大变革。[6]多年来，铜山区在线平台依靠微信群、腾讯会议等基础软件以及"铜山区社区矫正对象需求数据库"开展线上教学，构建了"一对一"的辅导方案。但缺乏资源与服务整合型的智慧平台，在后期工作进行中应加快开发可承载辖区社区矫正对象基础信息、心理健康档案、活动开展记录以及相关社区矫正工作人员基础信息的在线平台，还应联合高校在此平台增设相关教育教学课程，以供社区矫正对象进行学习打卡，除此以外，还可开发相关App，例如贵州省开发的"矫务通""在矫通""协矫通"等App。智慧平台的建立既减轻了工作人员的负担，又提高了工作效率，特别是疫情突发的情况下，可确保工作平稳、有序推进。

(二)丰富矫正内容，推动社区矫正项目多元化

应增加社区矫正对象对时事政治、道德、文化等方面的学习。社区矫正内容是社区矫正对象实施矫正教育工作的实体问题，矫正教育内容的选择和项目的设置，直接影响着教育矫正的效果，是矫正教育目标和社区矫正效果的中介和桥梁。[7]社区矫正的主要目标是通过实施矫正教育，帮助社区矫正对象重塑自我，远离犯罪，走向社会，所以矫正教育的内容至关重要，加之社区矫正对象对矫正工作本身存在一定的抵触情绪，所以更需要不断更新调整矫正教育的内容，调动社区矫正对象的积极性，推动社区矫正工作的多元化发展。铜山区社区矫正服务主要聚焦于线上和线下，线上利用"九色鹿心灵成长吧"微信群进行全员性的线上文化、道德、法律、心理等领域的宣传，每日打卡学习。线下通过开设"心理陌上花""性格工厂""正念训练营""青春悠扬 梦想灼热""不念过往 不惧将来""大手拉小手亲子守护坊"等专项活动，采用沙盘游戏、绘画、意象对话等心理学技术对社区矫正对象进行面对面"疗心"活动，改变其不良行为习惯，努力改造自我，重建积极的生活理念和态度，重塑回归社会的信心。

在这些经验的基础上，未来要重点考虑如何进行多元化、模块化项目开发，基于社区矫正对象的需求，本着分类化矫正、精准矫正的目标，遵循社区矫正损害修复规律，开发出一系列项目，做成课程，可供服务对象和社区矫正工作者进行选择。

（三）扩大社会组织参与社区矫正的途径，推动社区矫正社会化

社会化是指个体在特定的社会文化环境中，学习掌握知识、技能、语言、规范、价值观等社会行为方式和人格特征，适应社会并积极作用于社会，创造新文化的过程。[8]社区矫正对象由于受到不良外在因素误导或者是部分内生因素的缺失或错位，导致其社会化过程断裂或者变异，需要通过社区矫正来重塑其价值观、修复心理缺陷，重新回归社会。近年来，铜山区先后投入资金，与徐州市鹏程社会工作服务中心合作，以政府购买服务方式，引入社会化、专业化服务为社区矫正心理矫治工作奠定基础。铜山区社区矫正工作与高校和社会组织合作，在此基础上增加社区矫正志愿者参与，通过多种渠道，采取多种形式，按自愿和选拔相结合的方式公开招录，选择具有一定社会地位、较高文化水平和政治素养、有丰富的社会经验和有责任心、爱心的人员，也可以招募一些有法学、社会学、矫正教育专业背景的大学生。例如，可以通过“政府购买公益性岗位”的方式，招聘热衷于社区矫正工作的法律工作者、离退休人员、高校学生和社区干部作为矫正志愿者，为全社会参与社区矫正工作搭建工作平台，形成长效的工作机制。[9]

美国教育家克拉克认为，如果说近代大学是一座知识的动力站，那么一个国家发达的高等教育系统就是一个规模大了很多倍的智慧力量的中心。他们都是制造知识、修正知识和传播知识的中心。[10]高校不仅是高等教育知识的汇集地与传播站，更是为社会培育相应人才的中心，以理论服务实践是亘古不变的命题，所以构建“政府＋高校”模式，对社区矫正工作的开展，对高校社会服务职能的发挥都具有重要意义。道阻且长，行则将至。铜山区着力于不断完善“铜山模式”，推动铜山区社区矫正工作更上一层楼。

参考文献：

[1] 李全彩，于海平. 社区矫正社会工作实务研究[M]. 上海：华东理工大学出版社，2018.

[2] 虎贵华. 社区矫正与高校合作可行性研究[J]. 文化创新比较研究，2017，1(17)：118-119.

[3] 李微. 铜山区“矫正＋高校”共建模式助力社矫对象从“心”出发[EB/OL]. (2022-05-10)[2022-08-20]. http://www.jntimes.cn/jsdt/xz/202205/t20220510_7536694.shtml.

[4] 张小璇. “矫正＋高校”模式提高心理矫正质量[EB/OL]. (2020-07-31)[2022-08-20]. http://www.jntimes.cn/jsdt/xz/202007/t20200731_6751883.shtml.

[5] 段新波. 公共管理视角下社区矫正、心理矫治：问题与优化途径[J]. 经济师，2022(4)：21-22.

[6] 哈洪颖. 贵州智慧社区矫正建设：成效、问题及完善路径[J]. 理论与当代，2022(1)：44-46.

[7] 连春亮. 论社区矫正社会化的实然要素[J]. 犯罪与改造研究，2022(7)：29-35.

[8] 徐祖华. 关于社区矫正社会化若干问题的思考[J]. 中国司法，2019(12)：91-96.

[9] 钟峰，韦寿华. 浅谈社区矫正社会化中的志愿者队伍建设[J]. 犯罪与改造研究，2015(4)：16-18.

[10] 晓波. 高校介入社区矫正的理性思考[J]. 安徽警官职业学院学报，2014，13(6)：1-8.

Exploration of Community Correction Practice Model in Tongshan District of Xuzhou City

Li Quancai, Dai Shanshan, Li Yu, Rong Yan, QIN Erhao

Abstract: Tongshan District of Xuzhou City actively introduces social forces to participate in community correction work. In the process of gradual exploration and progress, community correction has embarked on the practical road of actively seeking the strength of colleges and universities, and the practice model of "government+colleges and universities" has been born. By reviewing the development process of community correction practice model in Tongshan District of Xuzhou city, this paper deeply analyzes the necessity of "government+university" practice model for community correction work, explains the current work focus of "government+university" practice model in Tongshan District of Xuzhou City, and looks forward to the future direction of this model.

Keywords: community correction; government+universities; practice mode

"十四五"时期医疗卫生领域供给侧结构性改革路径探析

——以徐州市为例

孙 黎

摘要:本文通过对徐州市"十二五""十三五"期间医疗卫生领域发展现状的回顾,探索出医疗服务供给侧面临的问题及原因,分析"十四五"期间医疗卫生领域供给侧结构性改革路径,指出面对常态化的疫情趋向,应把供给侧结构性改革作为长期坚守,通过市场化、法治化增加医疗服务供给总量,多层次、多元化提升医疗服务供给质量,同时通过调整供给要素的比例,提高医疗卫生体系的运行效率和配置效率,优化供给配置结构。

关键词:医疗卫生领域;供给侧结构性改革;路径探析

一、引言

(一)研究背景

"十三五"以来,新一轮医改实施后,医疗服务价格进一步调整,药品耗材加成逐步取消,但是医改目标仍没有达到预期效果,一些较深层面的架构性、机制性矛盾随着我国医疗改革向纵深推进逐渐突显,2020年年初,新冠肺炎疫情影响下,世界各国的生产秩序、生活方式受到强力冲击,同时对我国当前医疗卫生领域的供给侧、需求侧产生很大影响。我国居民的健康需求更加多元,层次不断攀升。应急防控体系、公共卫生体系存在短板等社会问题没有得到本质上的解决,居民大病经济负担仍然较重,压力依然较大。以上种种情况促使我们全方位审视医疗卫生领域的改革路径,在"十四五"社会形势下,传统的改革理念和路径已经无法适应新的发展要求,从新的视角认识和分析医疗改革,是迫切需要关注和研究的新课题。

供给与需求两方的关系问题是市场经济理论中重要的命题之一。[1]供给侧结构性改革为医疗卫生领域深化改革提供了指引与思路,更为新的医疗改革的纵深发展引领了新的方向。我国的供给侧结构性改革有别于国外情况,我国当前社会的主要问题不在于需求不足,而是供给的产品层次、质量以及服务没有跟上当前社会需求的变化,供给侧结构性改革的目的在于提高供给质量和层次来适应社会需求。2016年习近平总书记在全国卫生与健康大会上指明了以健康为中心的医疗卫生结构性、系统性、体制和机制性改革的方向。2020年通过的《中共中央关于制定国民经济和社会发展第十四个五年规划和二〇三五年远景目标的建议》强调,"十四五"时期经济社会发展要以深化供给侧结构性改革为主线。这就要求我们在医疗卫生领域改革纵深推进中探索一条新道路,打破以往体制性阻碍,加大有效供给总量,提升完善供给结构,合理科学调整供给要素。

作者简介:孙黎(1984—),女,江苏徐州人,就职于徐州市卫生健康委员会,研究方向为城市公共安全风险治理。

（二）医疗卫生领域供给侧结构性改革

一个成熟完整的市场中存在着供方和需方，从而形成供给侧和需求侧。从医疗卫生领域来看，供给侧主要包含卫生医药服务、医疗保障和药品器械设备等生产供应，需求侧则是群众的健康需求。[2] 医药卫生领域的供给和需求两方应当保持基本平衡，任何一方有倾斜都会造成不利局面：供给大于需求会导致医疗卫生资源过剩、闲置，甚至是过度医疗，加重居民负担；供给小于需求则会造成社会缺医少药，资源匮乏，降低服务供应质量和居民健康。造成"看病难、看病贵"的主要原因是医疗服务领域的供需失衡，当前我国医疗卫生领域的主要问题不是需求不足，而是供给的水平质量和服务能力没有跟上社会居民需求的变化。虽然新的一轮医疗改革实施推动以来，我国各级政府都加大了对医疗卫生领域的资金投入，但是这部分资金主要投向了硬件建设，诸如先进设备的购置、资产的购建和床位建设等；然而，人才培育及激励，体制和机制方面的改革、创新以及公共卫生体系、应急管理体系建设的投入则明显欠缺。由于这些硬件投入欠缺科学合理匹配人员要素，一定情况下导致医疗卫生服务无效的供给增加，使医院从"以药养医"向"以器养医"发展模式转变，并没有从本质上调节供给要素结构，合理提高医疗服务供给的效率，有效解决医疗服务供需失衡的问题。[3]

二、徐州市医疗卫生领域发展现状

（一）建立了覆盖城乡的医疗卫生体系

"十二五""十三五"期间即2011—2020年，徐州市医疗卫生事业的发展日新月异，无论是卫生机构数、平均开放床位数、卫生专业技术人员数量等都有了不同程度的增长，医疗卫生服务供给能力有了很大提升。

1. 公共卫生机构

徐州市公共卫生机构数从2011年的53家增加至2020年的62家，增长了16.98%。① 徐州市2011—2020年公共卫生机构数，见图1。

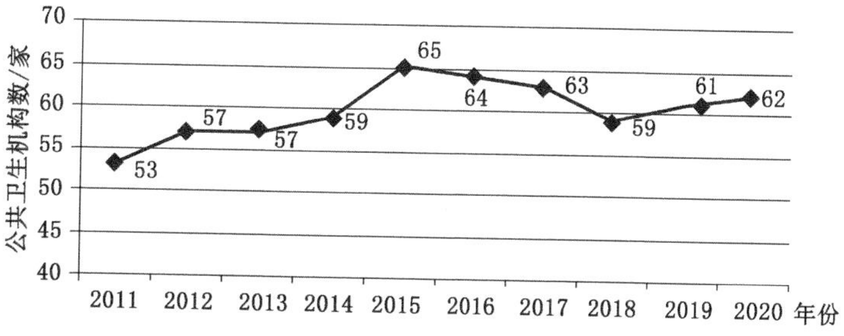

图1　徐州市2011—2020年公共卫生机构数

2. 公立医院及基层医疗机构

徐州市公立医院2011—2020年一直维持29家不变，基层医疗机构2011—2020年从原先的179家上升到183家，增长了2.23%。徐州市2011—2020年基层医疗机构数，见图2。

截至2020年年底，徐州市拥有公立医院29家，基层医疗机构为183家，合计卫生医疗机构212家，基层医疗机构占卫生医疗机构总数的86%，公立医院占卫生医疗机构总数的14%。徐州市2020年卫生医疗机构构成，见图3。

3. 平均开放床位

2011—2020年，徐州市不论是医院平均开放床位还是基层平均开放床位，数量供给上都有了大幅提

① 全文数据统一来源于2011—2020年徐州市卫生财务决算数据。

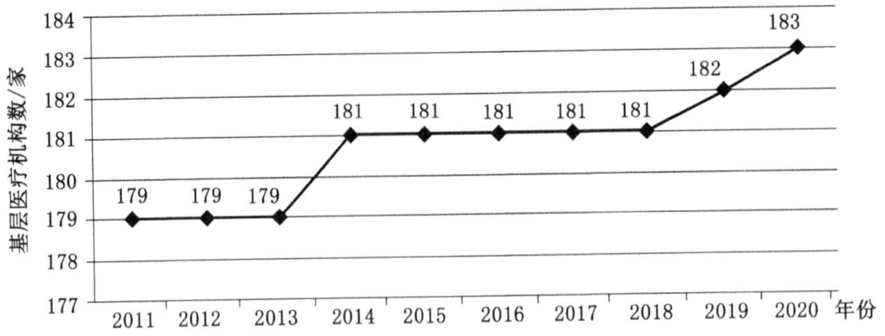

图 2 徐州市 2011—2020 年基层医疗机构数

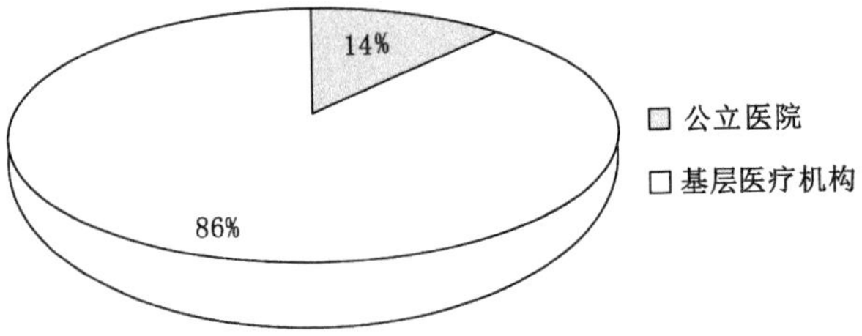

图 3 徐州市 2020 年卫生医疗机构构成

升。公立医院平均开放床位从 2011 年的 14 786 张增长到了 2020 年的 23 932 张，增长了 61.86%(见表 1 和图 4);基层医疗机构平均开放床位从 2011 年的 8 080 张增长到了 2020 年的 14 614 张，增长了 80.87%(见表 2 和图 5)。

表 1 徐州市 2011—2020 年公立医院平均开放床位数

单位:张

年份	2011 年	2012 年	2013 年	2014 年	2015 年	2016 年	2017 年	2018 年	2019 年	2020 年
公立医院平均开放床位数	14 786	16 476	18 954	21 023	21 312	22 948	23 796	23 549	24 763	23 932

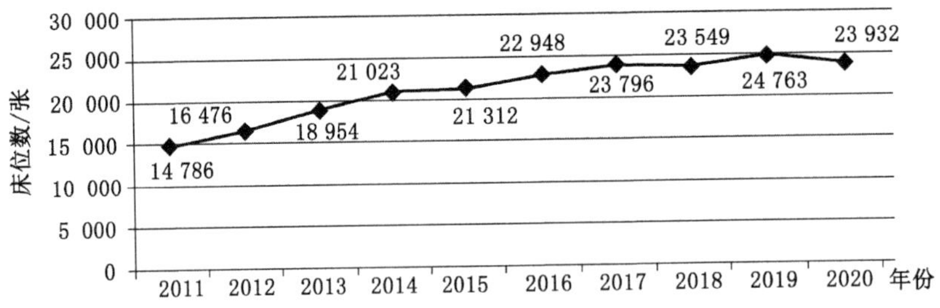

图 4 徐州市 2011—2020 年公立医院平均开放床位数

表 2 徐州市 2011—2020 年基层医疗机构平均开放床位数

单位:张

年份	2011 年	2012 年	2013 年	2014 年	2015 年	2016 年	2017 年	2018 年	2019 年	2020 年
基层医疗机构平均开放床位数	8 080	9 127	10 068	10 743	11 151	11 491	12 439	12 830	13 441	14 614

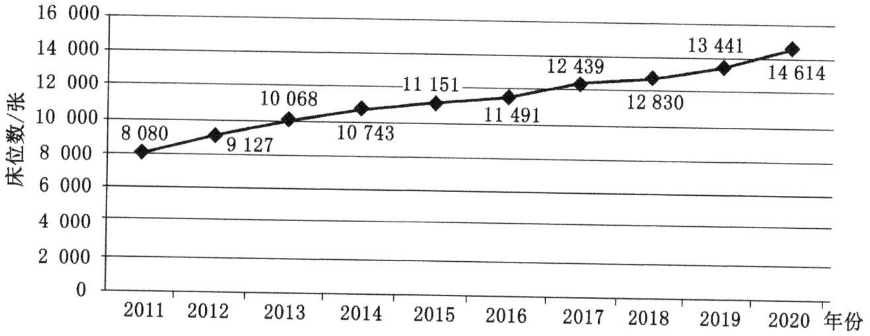

图 5　徐州市 2011—2020 年基层医疗机构平均开放床位数

截至 2020 年年底，徐州市公立医院拥有平均开放床位 23 932 张，基层医疗机构拥有平均开放床位数 14 614 张，总床位数为 38 546 张，基层医疗机构平均开放床位数占总平均开放床位数的 38%，公立医院平均开放床位数占总平均开放床位数的 62%。徐州市 2020 年卫生医疗机构平均开放床位数构成，见图 6。

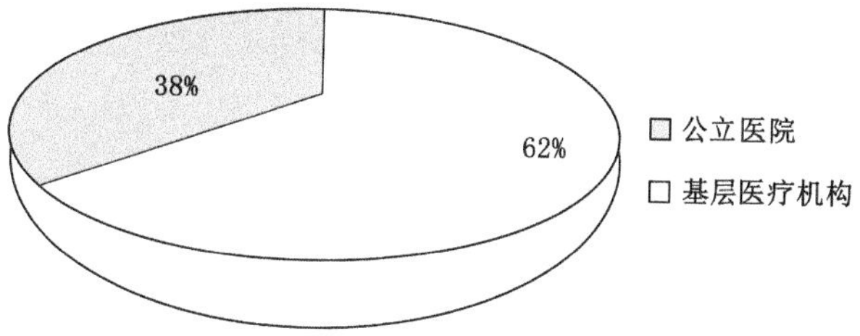

图 6　徐州市 2020 年卫生医疗机构平均开放床位数构成

4. 卫生专业技术人员

2011 年以来，徐州市不论是公立医院年末卫生专业技术人员数、公共卫生机构年末卫生专业技术人员数、基层医疗机构年末卫生专业技术人员数，数量供给上都增幅明显。从增幅来看，公立医院年末卫生专业技术人员数 2011 年为 10 396 人，2020 年增长到 23 755 人，增长了 128.5%，增幅最为明显；公共卫生机构年末卫生专业技术人员数 2011 年为 1 155 人，2020 年增长到 1 271 人，增长了 10.04%，增幅其次；基层医疗机构年末卫生专业技术人员数 2011 年为 9 836 人，2020 年增长到 12 075 人，增长了 22.76%。从总量上看来，徐州市卫生专业技术人员总数从 2011 年的 21 387 人增长到 2020 年的 37 101 人，增长了 73.47%。徐州市 2011—2020 年卫生专业技术人员数，见表 3 和图 7。

表 3　徐州市 2011—2020 年卫生专业技术人员数

单位：人

年份	2011 年	2012 年	2013 年	2014 年	2015 年	2016 年	2017 年	2018 年	2019 年	2020 年
公立医院	10 396	13 187	14 650	16 428	17 031	18 778	19 629	21 492	23 012	23 755
公共卫生机构	1 155	1 206	1 217	1 122	1 485	1 432	1 456	1 241	1 124	1 271
基层医疗机构	9 836	10 091	10 460	10 512	10 721	10 814	10 758	10 997	11 324	12 075
总计	21 387	24 484	26 327	28 062	29 237	31 024	31 843	33 730	35 460	37 101

5. 财政投入情况

2011 年起，徐州市财政对医疗卫生投入不断提升，2020 年医疗卫生机构财政补助收入（不含新农合基金）占经常性财政支出（财政一般预算支出）的比重为 4.23%，比 2011 年上升 1.98 个百分点，占卫生事

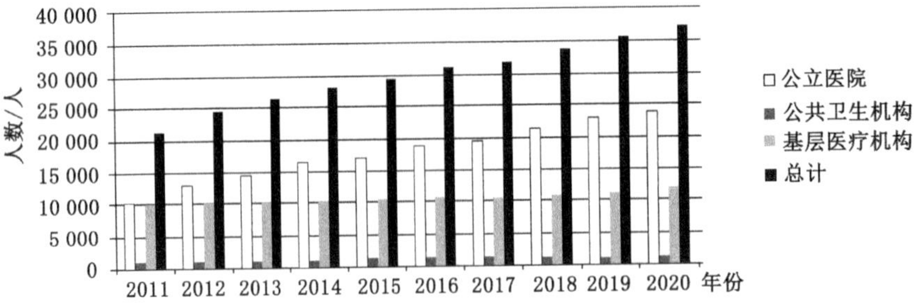

图 7 徐州市 2011—2020 年卫生专业技术人员数

业收入比重为 18.44%，比 2011 年上升 6.43 个百分点。徐州市 2011—2020 年医疗卫生机构财政补助收入（不含新农合基金）占经常性财政支出及卫生事业收入比重，见图 8。

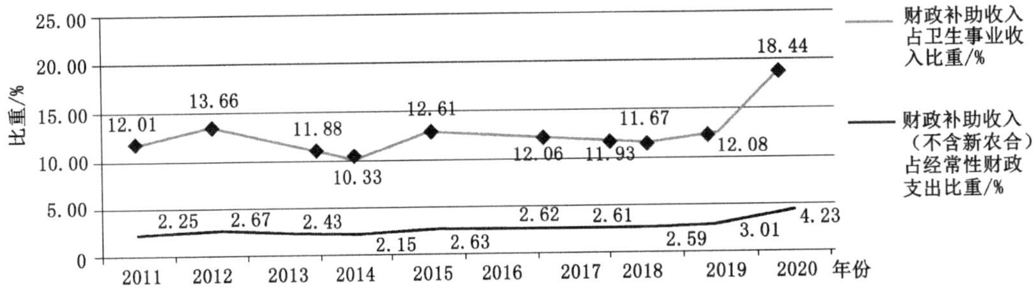

图 8 徐州市 2011—2020 年医疗卫生机构财政补助收入（不含新农合基金）
占经常性财政支出及卫生事业收入比重

根据徐州市《关于进一步完善政府卫生投入政策的指导意见》的规定，各级政府增加了卫生投入，政府卫生投入增长幅度要高于经常性财政支出增长幅度，政府卫生投入占经常性财政支出和卫生总费用的比重逐步提高。政府卫生投入占经常性财政支出和卫生总费用的比重，2011—2020 年虽个别年度有所下降，但总体上逐步提高，且逐步回升，卫生财政补助收入增长幅度总体大于财政支出增长幅度。徐州市 2011—2020 年财政支出增长幅度及卫生财政补助收入增长幅度，见图 9。

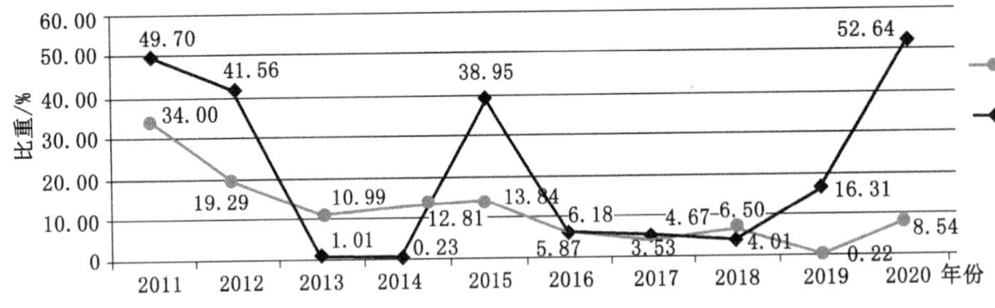

图 9 徐州市 2011—2020 年财政支出增长幅度及卫生财政补助收入增长幅度

（二）医疗服务需求得到巨大释放

1. 门急诊人次

统计数据显示，徐州市门急诊人次，由 2013 年的 2 804 万人次增长到 2019 年的 3 556 万人次，增加了 752 万人次，增长 26.82%。即使受到新冠肺炎疫情影响，2020 年门急诊人次仍达到了 3 076 万人次，相比 2013 年增加了 272 万人次。其中，公立医院门急诊人次由 2013 年的 1 329 万人次增长到 2019 年的

1 839万人次，增加了510万人次，增长38.41%。基层医疗机构门急诊人次增幅也较为明显，由2013年的1 475万人次增长到2019年的1 717万人次，增加了242万人次，增长16.41%。2020年在新冠肺炎疫情防控背景下，正常医疗需求受到限制，当年公立医院门急诊人次达到了1 425万人次，基层医疗机构门急诊人次也达到了1 651万人次。徐州市2013—2020年门急诊人次情况统计，见表4和图10。

表4 徐州市2013—2020年门急诊人次情况统计

单位：万人

年份	2013年	2014年	2015年	2016年	2017年	2018年	2019年	2020年
公立医院门急诊人次	1 329	1 469	1 605	1 595	1 675	1 745	1 839	1 425
基层医疗机构门急诊人次	1 475	1 566	1 650	1 745	1 865	1 889	1 717	1 651
总计门急诊人次	2 804	3 035	3 255	3 340	3 540	3 634	3 556	3 076

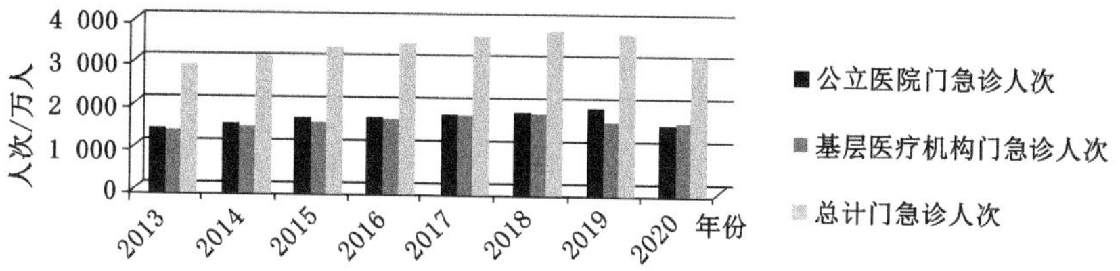

图10 徐州市2013—2020年门急诊人次情况统计

2. 住院人次

徐州市住院人次，从2013年到2019年增加了51.08万人次，增长47.92%；即使受到新冠肺炎疫情影响，2020年住院人次仍达到了139.95万人次，相比2013年增加了33.35万人次。其中，公立医院住院人次由2013年的69.65万人次增长到2019年的100.7万人次，增加了31.05万人次，增长44.58%；基层医疗机构住院人次增幅更为明显，由2013年的36.95万人次增长到2019年的56.98万人次，增加了20.03万人次，增长54.20%。2020年在新冠肺炎疫情防控背景下，当年公立医院住院人次也达到了79.67万人，基层医疗机构住院人次也达到了60.28万人次。徐州市2013—2020年住院人次情况统计，见表5和图11。

表5 徐州市2013—2020年住院人次情况统计

单位：万人

年份	2013年	2014年	2015年	2016年	2017年	2018年	2019年	2020年
公立医院住院人次	69.65	79.24	84.03	90.76	94.87	96.16	100.70	79.67
基层医疗机构住院人次	36.95	39.44	41.92	44.01	49.21	52.45	56.98	60.28
总计住院人次	106.60	118.68	125.95	134.77	144.08	148.61	157.68	139.95

3. 公立医院执业医师数及基层医疗机构全科医生数

徐州市2013—2020年公立医院执业医师数由5 357人增长到6 753人，增加了1 396人，增长26.06%；基层医疗机构全科医生数由2013年的2 982人上升到3 615人，增长21.23%。从总和上看，2013年医师总数为8 339人，到2020年增长至10 368人，增加了2 029人，增长24.33%。总体来说，以上数据显示了医疗服务需求的增长。从供给方发展的角度分析，医疗卫生资源增长速度虽迅速，但发展还是失衡的，结构性矛盾和制度性缺陷仍客观存在。徐州市2013—2020年公立医院医师及基层医疗机构全科医生数统计，见表6和图12。

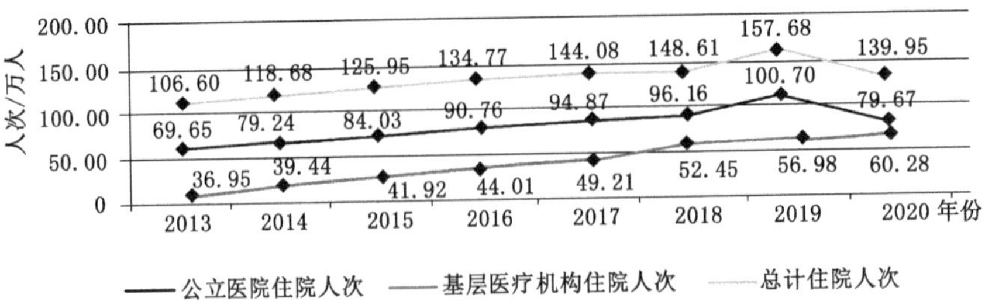

图 11　徐州市 2013—2020 年住院人次情况统计

表 6　徐州市 2013—2020 年公立医院医师及基层医疗机构全科医生数统计　　单位：人

年份	2013 年	2014 年	2015 年	2016 年	2017 年	2018 年	2019 年	2020 年
公立医院执业医师数	5 357	5 584	5 753	6 386	6 416	6 515	6 654	6 753
基层医疗机构全科医生数	2 982	2 926	2 937	2 946	2 945	3 027	3 621	3 615
总计	8 339	8 510	8 690	9 332	9 361	9 542	10 275	10 368

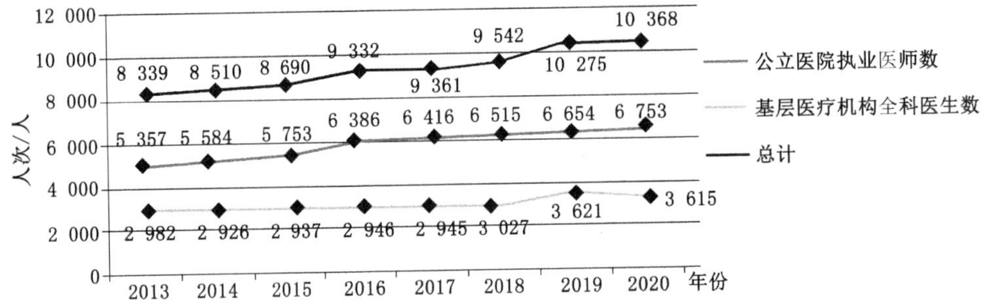

图 12　徐州市 2013—2020 年公立医院医师及基层医疗机构全科医生数统计

以上数据显示徐州市已建立了覆盖城乡的医疗卫生服务体系，医疗卫生事业发展迅速，医疗卫生服务需求得到巨大释放，随着居民收入的增长，医药卫生服务的需求也逐步提升。从供给方发展的角度考量，医疗卫生资源增长速度迅猛，但发展还是不均衡不充分的，因此导致一些弊端，结构性问题和制度性矛盾依然存在，医疗卫生领域的供给侧结构性改革面临很多挑战。

三、徐州市医疗服务供给侧结构性改革面临的问题及原因分析

新供给学派强调从供给的角度分析供需失衡的原因，正是由于徐州市医疗卫生供给总量不足、供给结构不合理等现状导致徐州市目前医疗服务供需失衡的现状。同时新冠肺炎疫情使供给侧结构性改革过程中未被重视的短板问题成为"十四五"期间急需解决的问题。

（一）供给能力欠缺

1. 医疗服务机构供给能力欠缺

徐州市医疗服务机构供给能力不足，直接表现为有限的供给潜能未得到充分发挥。2020 年徐州市人均 GDP 达到 8.3 万元，伴随徐州市经济发展，居民收入增加，徐州市医疗服务需求开始呈倍数增长：徐州市门急诊人次由 2013 年的 2 804 万人次增长到 2019 年的 3 556 万人次，增加了 752 万人次，增长 26.82%。即使受到新冠肺炎疫情的影响，2020 年门急诊人次仍达到了 3 076 万人次。提供医疗服务的医师增长较缓慢，医疗服务供给的增长幅度低于社会需求量的增长幅度，造成供需不匹配。目前徐州市